SENSACIONES
DE DIOS O DE SATANAS...
COMO DISTINGUIRLAS

MARTIN WELLS KNAPP

SENSACIONES
DE DIOS O DE SATANAS...
COMO DISTINGUIRLAS

Libros CLIE
Galvani, 113
08224 TERRASSA (Barcelona)

**SENSACIONES –de Dios o de Satanás...
Cómo distinguirlas**

© 1987 por CLIE para la versión española.
Editado con permiso de Tyndale House Publishers.
Reservados todos los derechos.

Versión española: Rhode Flores

Depósito Legal: B. 21.827-1987
ISBN 84-7645-196-2

Impreso en los Talleres Gráficos de la M.C.E. Horeb,
E.R. nº 265 S.G.- Polígono Industrial Can Trias,
calles 5 y 8 - VILADECAVALLS (Barcelona)

Printed in Spain

Índice

1. El origen de las sensaciones 7
2. Sensaciones de abajo: Los engaños de Satanás 23
3. Sensaciones de abajo: Los jueces de Satanás 31
4. Sensaciones de abajo: Los resultados de seguirlas 45
5. Sensaciones: Cómo ponerlas a prueba . . 57
6. Sensaciones de lo alto: La dirección divina garantizada 75
7. Sensaciones de lo alto: Cómo dejarse guiar por ellas 87
8. Aplicaciones prácticas 101
9. Convicciones de lo alto: Los resultados de dejarse guiar por ellas 117
10. El perfecto modelo del hombre . . . 131

CAPÍTULO 1

El origen de las sensaciones

Podemos describir una sensación como «algo que influye en nuestros propósitos, sentimientos o acciones».

Si bien es cierto que somos libres para escoger el bien o el mal, nos dejamos, sin embargo, llevar continuamente por las influencias que nos impresionan de diferentes maneras. Algunas de ellas se manifiestan silenciosamente como el brillo del sol, otras aparecen como el fulgor del rayo o el rugir del trueno. Hay otras que son suaves como el zafiro y otras que son devastadoras como los tornados.

Toda sensación tiene su origen. Detrás de las causas o efectos secundarios hay, en cada sensación, una mente que las proyecta y que es su origen. Dios es el autor de todas las buenas sensaciones y Satanás lo es de las malas.

Por lo tanto podemos dividir de manera natural estas sensaciones en dos categorías: (1) las que proceden de nuestro Padre y que llamamos «sensaciones de arriba». Éstas, si las seguimos, se convierten en convicciones; y (2) las del demonio, que llamaremos «sensaciones de abajo».

SENSACIONES DE LO ALTO

Todas las sensaciones que vienen de lo alto tienen su origen en Dios. Él habla directamente por medio de su Espíritu al corazón donde reina. En su «cámara secreta» susurra dulcemente la «voluntad de Dios en lo que a nosotros se refiere».

Siguiendo este impulso directo que sintió dentro de él, Jesús fue «llevado del Espíritu al desierto para ser tentado por el demonio».

De la misma manera Pablo fue guiado a predicar el Evangelio en algunos lugares, pero se le impidió que lo hiciese en otros, y los cristianos de todas las edades se han sentido directamente impulsados respecto a la verdad y su aplicación conforme a sus necesidades especiales.

El Espíritu Santo es el guía que le ha sido prometido al cristiano, y aunque no nos da nuevas revelaciones acerca de la verdad, nos explica lo que ya ha sido revelado. Su dirección está siempre en conformidad con la Biblia, de la cual es autor. Más adelante veremos las diferentes maneras que utiliza para guiarnos, y el seguir la dirección del Espíritu es señal de que somos creyentes de verdad. «Porque todos los que son guiados por el Espíritu de Dios, éstos son hijos de Dios» (Rom. 8:14).

Su dirección está muy por encima de ninguna otra, y las demás reciben su poder. Muchos han escrito bien acerca de su elevada misión. Esta obra tiene como propósito magnificarle, advirtiendo en contra de algunas voces que intentan imitar su manera de hablar sustituyendo sensaciones de abajo por convicciones de lo alto.

Hay muchos cables del telégrafo por los cuales se transmiten los mensajes de la mente divina a la nuestra. Los siguientes se encuentran entre ellos:

La Biblia. Ésta es la voluntad de Dios revelada en

un lenguaje humano, y sus impresiones son divinas. Habla acerca de todos los temas necesarios, y sus principios generales y aplicaciones específicas están diseñados por encima de cualquier voz secundaria, a fin de hacernos saber que «somos salvos para la salvación» y que debemos demostrarlo por medio de palabra y obra, y que todo ello debe de redundar para el bien del hombre y la gloria de Dios.

El ministerio. Con frecuencia Dios envía mensajes especiales y sorprendentes a sus ministros. A menudo, las impresiones que causa la verdad en un corazón ardiente son indelebles. Algunos, como sucedió en Pentecostés, se sienten «tan conmovidos en sus corazones» que no encuentran reposo hasta entregarse de lleno a Jesús, y otros se han sentido consolados, fortalecidos o convencidos para realizar una tarea especial.

La influencia personal. Muchos mensajes que proceden de lo alto se envían por este medio. Las impresiones causadas en mi mente por las cartas de un querido amigo me hicieron consciente de mi necesidad y me condujeron a Jesús, y cuando fui puesto a prueba, teniendo que pasar por el horno de fuego de las aflicciones de Dios, una de las sensaciones más fuertes que sirvieron para consolarme fue causada por las siguientes líneas que fueron enviadas por uno de los ángeles consoladores de la tierra:

> *En el horno Dios te prueba*
> *Para que salgas más reluciente,*
> *Pero no cesa de amarte;*
> *En su mente eres precioso.*
> *Dios contigo siempre está,*
> *Es tu luz que nunca cesa.*

Casos de esta índole son tan innumerables entre creyentes como las arenas de la playa en el mar.

La oración. Una de las más poderosas influencias

que dirigen al hombre a Dios y le hacen mirar a lo alto es la oración hecha con fe. Bajo su poder, los Saúles que se dedican a perseguir a otros caen irremisiblemente a tierra, los consejos de los perseguidores son desbaratados y los santos reciben consolación y son guiados por caminos que desconocían. La presión que se ejerce sobre la mente de aquel a favor del cual se concierta a orar un grupo de personas es poderosa. ¿Quién no ha sentido las oraciones de otros con su fuerza persuasiva que ha actuado en su vida como un freno?

Las buenas lecturas. Las buenas lecturas, ya sea de libros o de revistas, son medios de los cuales se vale Dios para impresionar a los hombres con su verdad. Por medio de ellas está minando silenciosamente las fortificaciones del enemigo y edificando su reino espiritual. Han ganado a muchos que se mantuvieron impasibles a otros tantos llamamientos, y su influencia es poderosa y silenciosa como las leyes de la gravitación.

Los ángeles. Las sensaciones de arriba con frecuencia vienen de los santos ángeles. El salmista declaró que «el ángel del Señor acampa en derredor de los que le temen, "y los libra"». Éstos y otros pasajes paralelos los confirman las declaraciones hechas en Hebreos de que son «todos ellos espíritus ministradores, enviados para servicio de los que serán herederos de la salvación» (Hebreos 1:14).

Éstos son seres poderosos, santos, elegidos e innumerables, y se encuentran entre los más poderosos, aunque invisibles, y con frecuencia no gozan de aprecio. Dios les ha dado el cuidado de su pueblo. En algunas ocasiones su labor especial consiste en consolar a los que se encuentran en el horno de fuego de la aflicción, o animar a algún Daniel en algún foso oscuro de leones, o para advertir en contra del peligro de los espíritus malos que amenazan a los fieles, para libertar de la cárcel y proporcionar gozo a almas que acaban de ser salvas. Para anunciar buenas nuevas, como fue el caso en el nacimiento y la resurrección del Salvador, o para llevar a cabo los juicios de Dios sobre los impíos; para impulsar y dirigir a un predicador, como en el caso de Felipe; para ayudar a quien busca el don del Espíritu Santo, como sucedió en el caso de Cornelio; o para alentar a los que se encuentran en peligro y mostrarles un futuro prometedor, como ocurrió con Pablo en su naufragio. En todos los casos los ángeles se interesan por los asuntos de los hombres, y, sin duda alguna, con mucha más frecuencia de lo que se cree normalmente son los agentes de las sensaciones procedentes de lo alto.

Los sueños. La revista *Christian Standard* dice: «En la Biblia tenemos muchos ejemplos de dónde guió Dios a sus hijos, "mediante impulsos, sensaciones, llamamientos, mensajes o sueños", así como por "el Espíritu Santo que operaba en las facultades de la mente, fortaleciendo cada una de ellas para que realizasen su función con sentido común, con razonamientos lógicos y emitiendo un juicio santificado".

»Debido a que con frecuencia nos dejamos engañar por impresiones, por sueños o porque Satanás usa con frecuencia diversas formas para engañar a las almas, no es necesario, ni hace que la dificultad sea menor, el negar que el Espíritu Santo tiene el derecho —y es un hecho— de guiar a los hijos de Dios.

»Los sueños pueden proceder del demonio, y pueden ser el resultado de la glotonería en la mesa, y pueden generarse en un cerebro que abarca demasiado. Pueden ser el resultado de "causas diversas". Pero, con todo, tanto si nos parece bien como si no, Dios usó sueños en el pasado y sigue haciéndolo, y podemos pasar por alto uno de estos avisos, para perjuicio nuestro.»

Son pocas las personas sensatas que se dejan influenciar por sueños corrientes, pero a pesar de ello ninguna persona que esté bien informada podrá negar el hecho de que Dios ha hablado a veces a sus hijos por medio de sueños especiales. El estudio de los sueños es una ciencia poco entendida. Debido a que personas ignorantes o fanáticas han tomado por revelación divina sueños que no eran sino el resultado de una indigestión o inspirados por Satanás, hombres malvados como Herodes se han ido al extremo opuesto y han sacrificado vidas a montones.

El antídoto en contra del fanatismo que implica confiar en tales cosas es un tema que trataremos en un capítulo más adelante. A la luz más tenue de la antigua dispensación, Dios habló con cierta frecuencia a su pueblo, como vemos en la Biblia, por medio de sueños. Él declaró de manera específica que se daría a conocer en visiones y hablaría por medio de sueños (véase Números 12:6).

Dios habló de este modo a Jacob, por medio del sueño de la escalera por la cual ascendían y descendían ángeles; a José en un sueño en el cual vio, por adelantado, que sería esclavo, pero que acabaría siendo un hombre poderoso; habló al mayordomo y al panadero de Faraón en un sueño que representaba la exaltación de uno de ellos y la ejecución del otro; le habló a Salomón por medio de un sueño que le prometía sabiduría y todos los beneficios consiguientes; a José le habló por medio de otro sueño que acalló sus temores respecto a María, la madre de nuestro Señor, y en otra ocasión para advertirle que se llevase «al niño» para ponerse a salvo del complot asesino urdido por Herodes; a los sabios de Oriente les habló en sueños advirtiéndoles del mismo peligro; y le habló a la mujer de Pilato advirtiéndola del peligro de perseguir a Jesús; y a muchos otros les ha hablado de igual manera.

Si bien no hay nada que justifique en las palabras de Jesús el que las personas dependan de los sueños para guiarse, es evidente que el Espíritu Santo en ocasiones ha hablado y sigue hablando a los hombres por este medio. Más adelante veremos, además, el abuso que se ha hecho de los sueños.

La Providencia. Los sucesos del momento son con frecuencia el medio por el cual recibimos buenas sensaciones. Dios el Padre se deleita en ellos para hablar a sus hijos. Las oportunidades de que disponemos para hacer el bien nos hablan a menudo con una voz clara y fuerte. Un fallecimiento, un accidente, un encuentro providencial, y circunstancias similares, nos hacen sentir la obligación que tenemos, y, de este modo, vemos que todas las cosas obran para nuestro bien.

Por medio de estas manifestaciones y otras diferentes que actúan como lazo de unión entre el alma del hombre y la mente divina estamos recibiendo impresiones constantemente.

SENSACIONES DE ABAJO

Satanás ha establecido su reino con el propósito de ahogar las buenas sensaciones, ejerce, para hacerlo, toda su ingeniosidad. También él ha tendido sus cables telegráficos y opera por medio de ellos con suma astucia.

La agencia satánica es una acerca de la cual se dice muy poco, y, con todo y con ello, por su poder sutil, muchos han sido y continúan siendo arrastrados al pecado, a la desesperación y a la ruina final, y otros millones más se han sentido perplejos, y el plan que Dios tiene para sus vidas se ha visto obstaculizado o completamente frustrado.

La Palabra de Dios reconoce repetidamente la personalidad, la habilidad, la categoría, la influencia y los planes del demonio. A él le encanta engañar a las gentes haciéndoles creer que no existe, pues de esa manera sabe que no estarán en guardia contra un enemigo en el cual no creen. Cualquiera que se haya dejado engañar de este modo por él, debería de despertar a las muchas manifestaciones y declaraciones de la Palabra de Dios acerca de su personalidad, su poder y sus planes.

Ha sido revelado divinamente que Satanás fue echado de los cielos y que fue a los infiernos; que es autor de la caída, que tentó a Jesús, que pervierte las Escrituras, que se opone a la obra de Dios, que obra maravillas por medio de sus mentiras, que aparece como ángel de luz, que ciega, engaña, hace que caigan en sus redes y perturba a los malvados, que tienta y que aflige y se resiste a los santos. La Palabra nos habla, además, acerca de la victoria de Cristo sobre él cuando se resistió a sus tentaciones, echando a sus subordinados, destruyendo sus obras, rescatando a sus víctimas, derrotando su conspiración, conquistando la muerte y desterrándole a él y a sus seguidores para siempre de la presencia de Dios y la gloria de su poder.

La Palabra de Dios nos ofrece una descripción detallada de su carácter como ser presuntuoso, orgulloso, poderoso, malvado, maligno, sutil, engañador, fiero y cruel. Se le compara con el «cazador furtivo», como el «sembrador de cizaña», el «lobo», «el león rugiente» y la «serpiente». Se utilizan más de treinta nombres diferentes para describir las diversas fases de su carácter diabólico. Entre ellos se encuentran los siguientes: «asesino», «dragón», «padre de mentira», «vieja serpiente», «el maligno», «mentiroso» y «príncipe de los demonios». «El que acusa a los hermanos» es otro de los muchos nombres por el cual se le conoce en las Escrituras. Debido a su carácter, ha hecho mucho mal y acusa a los hijos de Dios:

Ante sí mismos: (1) trayendo malos pensamientos a sus mentes y a continuación acusándoles de tenerlos. En esos momentos no debemos olvidar que, si bien no podemos impedir estos pensamientos, sí que nos es posible no solazarnos en ellos y de ese modo permanecer sin culpa; (2) diciéndoles que porque «pasan por muchas tentaciones» no tienen religión alguna; (3) tentándolos de muchas maneras y haciéndoles creer que la tentación, y no el ceder a ella, es pecado; (4) diciéndoles a los recién convertidos que, debido a que sienten el poder del pecado que permanece aún en ellos, no se han convertido de verdad; y (5) sugiriéndoles a los cristianos maduros que han perdido las bendiciones del perfecto amor porque sus emociones han disminuido en cierta medida.

Los unos a los otros: (1) dando una mala interpretación a hechos que son susceptibles de una buena interpretación; (2) culpándoles de malos motivos cuando el motivo resulta desconocido; (3) diciendo a uno que los demás no le aprecian o que los demás se burlan de él; y (4) diciendo a uno que los demás no tienen religión porque no están totalmente de acuerdo en todo con él.

Al inconverso: (1) diciéndole que los cristianos se han dejado engañar y que Cristo es un amo duro; (2) que los que buscan a las almas no les buscan a ellos en realidad, sino su dinero; y (3) que todos los miembros de las iglesias son unos hipócritas.

Mediante éstas y otras muchas maneras hace todo lo posible por dejar perplejos a muchos y sembrar la discordia. Su poder tan extraordinario y sus maniobras tan estratégicas tuvieron tal éxito, que la tierra, que fue diseñada como un Edén, se convirtió en la habitación de la crueldad y el sepulcro de los muertos.

Él es el autor, directa o indirectamente, de todas las sensaciones que proceden de allá abajo. Muchas sensaciones vienen directamente de él, y es él quien las mete en la mente, como el destello del rayo tras la oscura nube del relámpago, y deja anonadados a los hombres por lo repentino y terrible de su intervención.

Los ángeles malvados. En el libro de Hannah W.

Smith *The Christian's Secret of a Happy Life** leemos que «existen las voces de los espíritus malignos y engañadores, que esperan para atrapar a los viajeros que llegan a las regiones más elevadas de la vida espiritual. En la misma epístola en la que se nos dice que nos sentamos en los lugares celestiales con Cristo, se nos dice además que tendremos que luchar en contra de enemigos espirituales, y estos enemigos, quienquiera o cualquier cosa que sean, deben por fuerza comunicarse con nosotros por medio de nuestras facultades espirituales, y sus voces, como la voz de Dios, son una impresión interna que actúa sobre nuestro espíritu. Por lo tanto, de la misma manera que el Espíritu Santo puede decirnos mediante ciertas sensaciones cuál es la voluntad de Dios en cuanto a nosotros, estos enemigos espirituales nos dicen, por medio de impresiones, cuál es su voluntad respecto a nosotros, aunque, como es natural, no le dan su nombre.»

«Yo creo», dice John Wesley, «que, unidos bajo Satanás, o bien recorren los lugares superiores, donde se les llama príncipes de los poderes del aire, o, como él, caminan sobre la tierra como "leones rugientes viendo a quien devorar"». Un hombre más importante que el propio Wesley ha dicho: «Porque no tenemos lucha contra sangre y carne, sino contra principados, contra potestades, contra los gobernadores de las tinieblas de este siglo, contra huestes espirituales de maldad en las regiones celestes» (Efesios 6:12).

De la misma manera que los buenos ángeles pueden ser mensajeros de buenas sensaciones procedentes de lo alto, los malos, que están siempre dispuestos a entorpecer, dejar perplejos y destruir, proceden de abajo.

La influencia humana. Las personas malas son como cables por medio de los cuales pasan fácil y rá-

---

* «El secreto del cristiano para una vida feliz.»

pidamente las malas sensaciones. Una palabra mala o una mala mirada puede dejar una impresión duradera.

Cuando le es posible, Satanás, que es muy astuto, se vale también de las buenas personas para transmitir sus mensajes. Lo hace siempre que le es posible, porque ayuda a ocultar su propósito. El universalismo es la más perniciosa clase de infidelidad, porque sus mensajes los transmiten hombres que profesan ser ministros de Jesús. El permiso para vender licores no duraría ni un año de no ser porque el demonio se ha ganado para sí a hombres que son aparentemente buenos, pero que lo defienden. Cuando los hombres que son realmente buenos se dejan engañar por Satanás, y creen de verdad que sus mensajes proceden de lo alto, el engaño es más profundo y el peligro más grave.

Las oraciones de personas equivocadas. La influencia que ejerce una mente sobre otra es sorprendente. Si una persona de fuerte voluntad se propone una cosa determinada en cuanto a otra persona, e insiste con persistencia en ello, hay razón para creer que la otra persona sentirá su influencia aunque se encuentre a miles de millas de distancia. Cuando se reúnen de este modo un número de personas, la influencia que sentirá será más poderosa todavía, y la sentirá tanto si las personas están en lo cierto como si están equivocadas.

El hacer las cosas «de común acuerdo», lo cual es esencial para que una iglesia prevalezca en la oración, abraza este principio. Es un poder para bien cuando sigue el orden de Dios, pero cuando por razón de la ignorancia, o por motivos equivocados, no es del Espíritu, causa perplejidad y hace daño.

Conozco a una mujer que hace dos años que está atormentada por esta causa. Un buen hombre, ministro del Evangelio, se sintió poseído por la idea de que ella debía casarse con él. Le dijo que Dios se lo había revelado. La mujer era completamente salva, y se sentía igualmente segura de que Dios le había revelado a ella todo lo contrario. Él empezó a pedirle a Dios en oración que le mostrase su error a la mujer, y aun cuando las convicciones de ésta se hicieron más profundas, segura de que el hombre estaba equivocado, con frecuencia se sentía dominada por un desagradable sentimiento como resultado de la persistencia de él y sus oraciones extraviadas.

Una persona que tuviese unas convicciones más débiles en cuanto a su obligación se hubiese dejado llevar por esta influencia, pero pudiendo considerarla como designio de Satanás, ella sencillamente tuvo que sentirse perpleja y permanecer firme.

Satanás se deleita en conseguir que los hijos de Dios pierdan el tiempo orando por cosas que no son conforme al Espíritu, ya que les aleja de la obra dada por Dios.

Estas impresiones tienen el propósito de alejarnos del camino de nuestra obligación, y como a veces se manifiestan por personas que al menos profesan ser buenas, resultan a menudo confusas.

La carne. Con frecuencia los apetitos de la carne nos piden a gritos que seamos indulgentes, aunque vaya en contra de toda ley, y claman de tal manera que ahogan cualquier otra voz.

Nuestro yo. El yo que no ha sido renovado ni santificado, siempre quiere salirse con la suya y suplicará una y otra vez que se lo permitamos. Cuando los mensajes de abajo armonizan con ella, no se tarda en llevarlos a cabo.

Malas lecturas. No es posible calcular la mala influencia que ejercen. La impresión que causan, para mal, será tan profunda y duradera como el propio infierno.

Éstos y otros muchos medios son astutamente manipulados por Satanás, y por ello llegan sus mensajes constantemente a nuestra inteligencia. Su persistente martilleo resulta confuso y con frecuencia es fatal para aquellos que carecen de los conocimientos espirituales que les ayuden a distinguir de dónde proceden.

El alma humana que se halla bajo estas dos influencias es como un lugar donde se encuentran dos vientos contrarios: los vientos helados de la ventisca, procedentes de las zonas heladas de la tentación de Satanás, y los vientos refrescantes de las alturas celestiales; o donde dos ejércitos se encuentran en un enfrentamiento sangriento.

El alma misma puede decidir cuál de las dos prevalecerá, y sobre esta decisión pende su carácter y su destino. Los que deciden optar por las convicciones de lo alto llevarán para siempre la corona del vencedor, pero las sensaciones de abajo serán las que dejen al hombre derrotado y sin Cristo por toda la eternidad.

No os dejéis engañar.

LUCAS 21:8

CAPÍTULO 2

Sensaciones de abajo: Los engaños de Satanás

Como ya hemos visto, Satanás y sus emisarios, disfrazados de «ángeles de luz» y por medio de las impresiones malas, están constantemente intentando arruinar a las almas y desviar la atención de los hijos de Dios de su misión que les ha sido dada por Él. Satanás acopla siempre sus métodos a sus víctimas, y cuando no puede seducirlas abiertamente, intenta engañarlas con sus sutilezas. Consigue sus propósitos y los hombres son traicionados.

De ahí que, igual que una sartén que se prepara con veneno tiene el mismo aspecto que la que no lo tiene y podría parecer innocua a menos que fuese analizada, de igual modo las sensaciones de abajo pueden parecer iguales a las de lo alto. Pueden ser casi idénticas en los siguientes detalles importantes:

Son impresiones internas sobre nuestro espíritu.

Con frecuencia son impresiones muy fuertes. El fanatismo tiene su origen en la tierra de las sensaciones fuertes y a la vez equivocadas.

Ocurren repetidamente. Fíjate cómo Satanás insistió con nuestros primeros padres, con Job e incluso con

Jesús. Continuará repitiendo sus mensajes hasta que logre engañar a sus víctimas para conseguir que le escuchen; y todos sus agentes están poseídos de una perseverancia similar.

Con frecuencia sucede durante la oración y otras devociones. Nada concuerda más con su objetivo que el de apartarnos de la comunión con Dios; de ahí que la idea de que las sensaciones proceden de Dios sencillamente porque ocurren en estas ocasiones es una idea equivocada. Tal vez sean de Él, pero quizá procedan de abajo.

Como sucede con las buenas impresiones, nos las pueden traer nuestros amigos. Job tuvo más problemas con sus amigos que con las aflicciones y con Satanás juntos. Aunque sus intenciones eran buenas, las impresiones que causaron ciertamente no procedían de lo alto. Elifaz, Bildad y Sofar, los equivocados consejeros de Job, tienen sus iguales en todos los siglos.

Las impresiones equivocadas, al igual que las correctas, pueden ir acompañadas de una serie de circunstancias que parecen verificar su veracidad. A Satanás parece habérsele dado manga ancha, pues muestra una gran astucia al confeccionar un programa que dé al traste con los propósitos divinos. La naturaleza humana, con su egoísmo, también parece hacer la vista gorda cuando proclama como indicaciones providenciales las que nunca tuvieron ese origen. Al asesino Booth pudo parecerle providencial que Lincoln se encontrase en el teatro la noche aquella tan fatídica, pero ¿acaso prueba eso que las impresiones del asesino procediesen de Dios?

Las impresiones erróneas pueden ser —y con frecuencia son— compatibles con nuestros deseos naturales. La fruta prohibida que fue ofrecida en el paraíso, y que pareció tan «buena», «agradable» y «deseable», no ha perdido nada de su atractivo y dista mucho de haberse agotado.

Las impresiones malvadas, al igual que las buenas, pueden dar la sensación de sernos de ayuda por pasajes sorprendentes de las Escrituras que parecen autorizarlas. El demonio y sus agentes, como sucedió durante la tentación de Jesús, no dejan nunca de citar las Escrituras cuando pueden desvirtuarlas a fin de fortalecer sus propósitos. La señora H. W. Smith dice que conoció a un sincero cristiano que tenía tan grabado en su mente el versículo «todas las cosas son vuestras», en lo que se refería a cierta cantidad de dinero que pertenecía a otra persona, que sintió que era un mandato directo de Dios robar aquel dinero, y después de una lucha se apoderó de él, con terribles y lamentables resultados. Como sucede con las de lo alto, las impresiones malas pueden aparecer de repente y de modo inesperado.

«Poco después de haber recibido la bendición del perfecto amor», escribe un corresponsal, «me encontré con un hombre que dijo haber perdido la experiencia de comunión con Dios porque se había negado a ceder a la sensación repentina de arrodillarse a orar cuando entró en un vagón del ferrocarril. Yo me propuse no dejarme llevar por su error, pero caí en otro similar durante una reunión que tuvo lugar en el Holiness Camp de Des Moines, en el estado de Iowa. Iba caminando junto al tabernáculo, cuando sentí el deseo de arrodillarme a orar allí mismo donde me encontraba. Dudando, y un tanto avergonzado, lo hice, aunque me sentía fuera de lugar. Una vez que me dejé llevar por este impulso, Satanás me hizo creer que debía continuar allí arrodillado sin avergonzarme de lo ridículo que era ante la gente que iba entrando. Cuando me levanté lo hice con la intención de no dejarme engañar por Satanás de aquella manera nunca más.»

En todo lo que hemos mencionado y otros particulares, las sensaciones de abajo pueden ser interpretadas como procedentes de arriba, ya que después de su caída como ángel de luz, Satanás intenta hacer uso de tales ardides para «engañar, si fuese posible, incluso a los elegidos».

El doctor G. D. Watson dice acerca del éxito que tiene el Enemigo en pasar esta falsa moneda: «No procede con los impíos de la misma manera que lo hace entre los santos. Usa un método de trabajo entre los pecadores y otro para personas convertidas, y aun otro para los santificados en las más altas esferas de la vida cristiana, donde se dedica a imitar al Espíritu Santo.

»El truco que utiliza Satanás es conseguir atacar a los más santos en aquellos puntos que más les impresiona. Algunos se dejan asustar de inmediato, pero si el Enemigo encuentra que no te puede asustar y no consigue que dejes de dar testimonio, de un modo sensato y eficaz te atacará por otro lado. No sé si creeréis lo que os voy a decir, pero es verdad. El diablo puede hacer a las personas muy felices. Yo he aprendido mucho durante los últimos quince años respecto a las experiencias de muchas personas. Puede producir una felicidad ficticia, y te hará sentirte de ese modo especialmente para que puedas guiar tu vida por tus sensaciones, y entonces tiene todo cuanto puede desear: es cuando se pone sus ropas de domingo y se convierte en un ángel de luz.

»Muchos cristianos no creen en las Escrituras sobre este punto. Yo he preguntado a algunos: "¿No sabes que el demonio puede convertirse en ángel de luz?"

»"¡Oh, sí!" —me dicen, "¡pero a mí no me engaña! Si Dios me dice que lo haga, lo haré."

»A veces ha dicho a cristianos muy piadosos: "Este pensamiento es del Espíritu Santo", y tú no puedes detectar su presencia a menos que Dios te ayude. Comenzará logrando que hagas algo muy bueno a favor de Dios. Por ejemplo, te hará orar, pero de modo equivocado, en un momento que no sea el oportuno. Te dirá que hagas muchas cosas buenas, pero te transmitirá la impresión de maneras estrafalarias. Le dice a una hermana mientras el pan se está quemando y el niño llora: "Ahora dice el Espíritu Santo que debes ir a orar durante una hora; deja que el bebé llore y que se salga el café." Yo conozco casos así. Y la persona lo hace con la misma sinceridad que si fuese un ángel, poniéndose de rodillas y orando; y puede que entretanto el bebé se queme y se muera a causa de las quemaduras.

»Pero el Espíritu Santo nunca guía a las personas de maneras tan anormales ni forzadas. Fue, sin duda, obra del diablo lo que consiguió de algunos ermitaños y ascetas del pasado, que querían ser santos mortificando su carne dejándose herir por insectos, sin lavarse, etc. Hoy día no llegará a tales extremos, pero suele hacer otras cosas.

»Una persona va a una reunión y dice: "El Señor me ha enviado hoy aquí con un mensaje especial." Puede que sea hora de que concluya la reunión, pero él cree que tiene un mensaje especial del Señor y debe decirlo aunque todo el mundo crea que es hora de irse a casa; no obstante, estas personas siguen insistiendo en que las envió el Espíritu Santo. Pero no se trata de ninguna otra cosa más que del demonio. ¿Por qué? Porque el demonio ha conseguido que se dejen llevar por una mente desequilibrada, siguiendo lo que les dictan sus sentimientos.

»El demonio sabe que no puede conseguir que mintamos o que robemos, ni que hagamos según qué cosas, pero está intentando conseguir que hagamos cosas piadosas de una manera extravagante y totalmente irracional. Os digo que están sucediendo muchas cosas por el estilo. Hay personas que creen que están siendo guiadas por el Espíritu Santo, y la verdad es que están siendo guiadas por el demonio como ángel de luz.

»Es posible reconocer a estas personas porque sus oraciones, sus sermones y sus esfuerzos son siempre un tanto extraños. Parecen sentirse oprimidas, como si llevasen una carga, y no actúan de manera natural. No hay ni tranquilidad ni franqueza porque el demonio es un amo muy duro.

»Después que el Enemigo ha logrado de algunos cristianos que hagan cosas cada vez más absurdas, y a la postre les ha hecho cometer algún pecado, vuelve a comenzar con toda delicadeza y cuidado. Si una persona es verdaderamente fiel a Dios, aunque el Señor puede permitir que en algunas ocasiones el demonio le inquiete y le impida hacer lo mejor, estoy seguro de que Dios se asegurará de que su alma quede a salvo del poder del demonio.»

Tan astuta es la manera de actuar del demonio en lo que a las almas se refiere y a las que intenta traicionar, que vemos lo necesario que es, por tanto, la siguiente advertencia: «Por lo demás, hermanos míos, fortaleceos en el Señor, y en el poder de su fuerza. Vestíos de toda la armadura de Dios, para que podáis estar firmes contra las asechanzas del diablo. Porque no tenemos lucha contra sangre y carne, sino contra principados, contra potestades, contra los gobernadores de las tinieblas de este siglo, contra huestes espirituales de maldad en las regiones celestes. Por tanto, tomad toda la armadura de Dios, para que podáis resistir en el día malo, y habiendo acabado todo, estar firmes» (Efesios 6:10-13).

*Velad y orad,
para que no entréis
en tentación.*

MATEO 26:41

CAPÍTULO 3

Sensaciones de abajo: Los jueces de Satanás

Los anteriores capítulos nos han mostrado que las sensaciones proceden de diferentes medios y que con frecuencia hay un gran parecido entre las que proceden de lo alto y las que vienen de abajo.

Muchas impresiones son de una manera tan evidente de Dios que no necesitan que las pongamos a prueba, pero todas las que nos hagan sentirnos dudosos de alguna manera debemos traerlas ante el tribunal de apelación final, acerca del cual hablaremos dentro de un momento.

No hay ni un solo caso en el Nuevo Testamento en el cual el Espíritu guiase a una persona a que hiciese algo estrafalario, porque Dios no guía de ese modo.

Dejándose arrastrar por esta influencia, se dice que un joven pastor se sintió fuertemente impresionado, al llegar a una cierta ciudad, por la idea de que en ella encontraría a la mujer que habría de convertirse en su esposa, y que un día en la calle se vio tan extrañamente atraído por una mujer, que sintió que el Espíritu le había revelado ser ésta la persona indicada. Imaginaos la vergüenza que experimentó cuando vio su rostro y se encontró con que era una mujer que carecía de atractivo en lo más mínimo. Esto cambió su impresión. De haber sido la mujer una belleza y rica, podría haber considerado la idea como procedente del cielo.

Otros sienten el deseo de hablar a todas las personas con que se encuentran, bajo cualquier circunstancia, acerca de sus almas. Otras se sienten impresionadas por el deseo de saltar de arriba abajo y de gritar en las reuniones; otras se dejan arrastrar y pisotear por los demás para demostrar de ese modo su humildad, y poniendo de inmediato en práctica estas impresiones se convierten en víctimas de las artimañas de Satanás.

Pero lo más lamentable es que con frecuencia el demonio logra conseguir que las personas crean en estas sensaciones como algo procedente de lo alto, y por ello se resisten al Espíritu y apostatan si no las siguen. Por este método mantiene a aquellos que no cometen pecados conocidos, siguiendo recados que muchas veces son inútiles y hasta insensatos.

Se encuentra ante mí la súplica lastimosa de ayuda espiritual por parte de una persona que experimentó el perfecto amor cuando se sintió profundamente impresionada por algo dudoso. Se negó a aceptarlo, pero entonces Satanás le dijo que ella había apagado al Espíritu y que había cometido el pecado imperdonable y que no había esperanza para ella. Así que creyó esta impresión satánica y se sumió en las profundidades de una angustia indecible y en la desesperación, de las cuales solamente Cristo podía sacarla.

Temibles y numerosos son los errores y desastres que se han producido como resultado de haberse dejado llevar por impresiones que no hemos puesto a prueba. A fin de que no sometamos a la luz detectora de la prueba que Dios ha provisto para nosotros, Satanás ha ideado muchos recursos ingeniosos y engañosos. Como los jueces justos no emitirán nunca un juicio a su favor, sino que detectarán el más leve error, hace un esfuerzo desesperado por prevalecer entre personas para que apelen a los jueces, a los que puede sobornar para que decidan como él quiera. Si es posible, arrastrará a las personas para que actúen conforme a las impresiones dudosas sin ponerlas a prueba para nada, pero si «prueban los espíritus para ver si son de Dios», entonces insiste en que sean puestos a prueba ante el tribunal que él elija. Los siguientes se encuentran entre los jueces que él recomienda y que han traicionado a multitudes de personas:

Los sentimientos. Las personas que se dejan engañar por este juez siguen a sus sentimientos en lugar de sus covicciones. Las impresiones que concuerdan con sus sentimientos las acarician, pero otras impresiones reciben una acogida fría. Si es algo que molesta a sus sentimientos, se lamentan de tal manera que ahogan los murmullos de la pequeña voz que tienen en su interior y entonces buscan la gratificación egoísta de los mismos. En ocasiones hacen cosas que son totalmente contrarias a las Escrituras sencillamente por el hecho de que «les apetece», y, por el mismo motivo, evitan la cruz y la negación de sí mismas que les pide. Confunden la voz de sus propios sentimientos con un mensaje que procede de lo alto, y, siguiendo las decisiones de este juez, se sienten traicionados y actúan de manera equivocada. Wesley exhortó bien a sus seguidores a fin de que ellos «pisoteasen la doctrina entusiasta conforme a la cual solamente hemos de hacer el bien cuando nos apetece». La persona que pone a prueba sus convicciones según los sentimientos que experimente, en lugar de juzgarlos a la luz de lo que dice Dios, es tan insensata como el hombre que llevase su caso fuera de una corte sabia y justa y lo pusiese en manos de un niño que llora.

La imaginación. La imaginación, con frecuencia se apodera rápidamente de una impresión, la colorea y le da un aspecto tan real y hermoso como el de una rosa en flor. El cristiano, como es natural, renuncia a toda ilusión que sabe que está mal, pero a fin de despistar de la obra y del plan que Dios ha tramado para su vida, la imaginación pinta con frecuencia otra obra y apunta a otro plan que otra poderosa impresión ha sugerido, y de este modo intenta alejar a las personas del camino por el cual les lleva su obligación.

En algunas ocasiones hay personas que tienen la sensación de que deberían obtener un nombramiento apetecible. De hecho, se sienten a menudo «poderosamente impresionadas» por la idea de que es preciso que obtengan dicho nombramiento. Entonces se imaginan a sí mismas en ese puesto, y cuando se hacen los nombramientos y su imaginación se lleva un chasco, lloran como niños porque la voz de su imaginación no ha resultado ser la voz de Dios. En muchas ocasiones la imaginación nos hace temer un cierto mal y lo convierte en algo tan real como un hecho, y nos crea preocupaciones innecesariamente por algo que nunca se hará realidad.

Toda «imaginación» que no pase la prueba de lo que hemos mencionado con anterioridad debemos «descartarla». El que la sustituye se encontrará él mismo ante la misma dificultad lamentable que el estudiante que buscase un cepillo para iluminar su habitación en lugar de una vela. El peso del mensaje de Jeremías en contra del pueblo de Dios era debido a que «seguía su propia imaginación» en lugar de hacer caso a la voz de Dios.

¿Quién no hay que en alguna ocasión no haya sentido una «poderosa impresión» y haya estado convencido de que un amigo se había puesto enfermo, o que corría peligro o se estaba muriendo, y después ha averiguado que todo había sido fruto de su imaginación? Se llama al demonio el «atormentador», y a él le encanta atormentarnos por éste o cualquier otro medio.

«Guardaos», escribió Wesley, «de una imaginación calenturienta... Algunos cargan a su propia imaginación la voluntad de Dios, y eso es algo que no está escrito, pero que se ha quedado grabado en sus corazones. Si recibimos estas impresiones como una norma mediante la cual actuar en lugar de seguir lo que dice la Palabra escrita, no conozco nada tan malvado ni absurdo en lo que caer, y eso sin remedio.»

Textos de la suerte. Algunas personas tienen la costumbre de leer textos relacionados con la suerte o fortuna y actúan conforme a ellos. ¡Esto viene a ser como si un médico abriese sus libros al azar y recetase la primera medicina que acertase a ver! ¡O como si un abogado abriese un libro de jerga legal y le diese a su cliente el primer consejo que encontrase al abrir el libro! ¿Es la indolencia espiritual o la ignorancia más fácil de perdonar que la médica o la legal?

El que abandona tiene la impresión de que debe de abandonar la iglesia. Incita a la divinidad con su impresión tomando como prueba el primer versículo que aparece ante su vista al abrir la Biblia, y da la casualidad de que es el que dice: «Salid de entre ellos y apartaos.» Haciendo uso de este versículo, Satanás hace la vista gorda y pasa por alto toda la enseñanza de las Escrituras en lo que se refiere a la iglesia organizada, y, basándose en él, se deja arrastrar por la corriente de los que se «apartan» y caen en el fanatismo.

Otra persona tal vez se siente impresionada por la idea de que la mujer no debe realizar ninguna tarea pública. Abre su Biblia, y por pura casualidad ve el versículo que dice: «La mujer aprenda en silencio», y ¡el asunto queda resuelto de inmediato! ¡Y de qué modo tan fácil! Y, así, sacando los versículos de sus contextos, se fía de ellos, y se apoya en los hechos de las Escrituras, de todo corazón, y se siente destrozado por la verdad. «Escudriñad las Escrituras», es lo que se nos dice, y no «jugad» con ellas; en esto consiste el mandato divino.

Los sueños. Dios ha hablado a algunos hombres por medio de sueños, pero no es la manera en que acostumbra hacerlo. No hay, bajo la dispensación del Espíritu, un mandato que diga que dependamos de esta clase de interpretación para nuestra dirección. Jeremías se refirió a ella como «paja» en comparación con la Palabra revelada. El que sustituye la paja de los sueños por el trigo de la Biblia y su verdad no tarda en morirse de hambre, espiritualmente hablando. Muchas personas se han dejado asustar o alarmar por impresiones anteriores que fueron fortalecidas por sueños que no eran otra cosa que el resultado de una mala digestión. La Biblia nos habla acerca de los «falsos sueños» y los que tienen «sueños indecentes», y se queja de aquellos que hacen que las personas se olviden de Dios por causa de «los sueños que cada hombre relata a su vecino».

Una cierta persona me recibió muy fríamente, en una ocasión que participé en la obra de avivamiento, por causa de un sueño sorprendente en el cual se le aparecía un evangelista, y él estaba convencido de que yo era el evangelista de su sueño. Pero antes de que acabase la reunión cambió de opinión, y pensó que el sueño debía de referirse a alguna otra persona.

Una mujer cristiana soñó, después de haber perdido a su marido, que venía a su casa un familiar y traía consigo a un hombre y le decía: «Te he traído a este hombre por esposo.» El sueño le causó una profunda impresión y quedaron firmemente grabadas en su mente las facciones de aquel hombre. Ella esperaba de verdad que el sueño se hiciese realidad, pero lo esperó en vano hasta el día de su muerte.

Todas las impresiones que nos causan los sueños y que no tienen la aprobación de las pruebas indicadas son cosas que debemos olvidar. El seguirlos puede resultar tan fatídico como si un maquinista, por causa de «una fuerte impresión causada por un sueño», pusiese el tren en marcha sin haber recibido órdenes de la central. En ambos casos el resultado podría ser una terrible hecatombe.

Wesley nos advierte sabiamente: «No achaquéis apresuradamente las cosas a Dios. No imaginéis así como así que los sueños, las voces que oís, las impresiones, las visiones o las revelaciones proceden de Dios. Puede que lo sean, pero pueden ser causadas también por la naturaleza. Puede que vegan del demonio. Por lo tanto, no creáis a todos los espíritus, sino ponedlos a prueba para ver si efectivamente vienen de Dios.»

El enamoramiento. Bajo los encantos mágicos de este embrujo se apagan todas las voces menos la suya, o apenas si se la escucha. Sus víctimas se muestran inquietas bajo cualquier restricción que se le antoja, y con frecuencia no hacen caso alguno a las sagradas advertencias y enseñanzas de la Palabra divina por causa de este embrujo que ejerce su influencia sobre estas personas. Ya no se deleitan escuchando a la voz de sus obligaciones, sino que están intoxicadas por el placer. Demasiado tarde, se dan cuenta de que bajo esa superficie maravillosa se encuentra al acecho la decepción, la desazón y con frecuencia la deshonra e incluso la muerte. Satanás puede conseguir que las personas crean que la voz de su enamoramiento no es otra cosa que la voz del Espíritu Santo.

Dominados por su influencia seductora, se dice que tres jóvenes fueron, uno detrás de otro, a visitar a su consejero espiritual, y cada uno de ellos dijo que se sentía profundamente «impresionado por Dios» en el sentido de que debía de casarse con una cierta mujer, muy atractiva y muy rica. Uno de ellos se sentía seguro de que Dios le había revelado que debía de casarse con una mujer que estaba ya comprometida en matrimonio. Otro cristiano rompió un largo compromiso y se casó con la muchacha de la que se había enamorado locamente. La mujer a la que tanto daño había hecho abandonándola no tardó en morir, y el furor de la ira de Dios ha estado cayendo constantemente sobre él. Hay uniones que se establecen y acaban por alejar a una persona de la otra; en ocasiones provocan demandas judiciales, divisiones en el vecindario y en la iglesia, círculos familiares que se deshacen, y en ocasiones hasta el suicidio y el asesinato. Casos semejantes a los que he citado abundan por todas partes, y la ruina que provocan las malas personas, así como las locuras ridículas que hacen algunas personas buenas bajo la influencia de este hechizo, muestra que es una insensatez, y a veces hasta fatal, seguir sus decisiones. El apelar a ella sería una locura tan grande como lo sería poner a una muchacha atontada ante el banquillo del juez. El demonio se siente encantado cuando consigue engañar a uno para que escuche la voz de la sirena en lugar de apelar a las pruebas divinas.

Los impulsos. Bajo esta influencia, las impresiones que causan un fuerte impacto nos hacen apresurarnos en nuestras decisiones y luego nos sobra tiempo para arrepentirnos. Dios nunca mete prisa a las personas para que hagan cosas que son dudosas, pero el demonio sí. Influenciado de este modo, el impulsivo Pedro sacó su espada, haciendo necesario que Jesús hiciese un milagro sanando la oreja que había arrancado Pedro. Los Pedros de nuestros días están haciendo constantemente cosas por el estilo, con lo cual se precisa un milagro para contrarrestar el daño que han hecho. «El que cree no se apresurará» se aplica a todas las acciones justas acerca de las cuales el hijo de Dios no tiene duda alguna.

La pasión. Muchos han atribuido ciertas impresiones a Dios, cuando lo cierto es que el origen de las mismas no ha sido otro que su propia pasión rebelde. Saulo de Tarso, dominado por el poder de la pasión, «respiró muerte» en contra de los seguidores de Jesús, y nos dice que en aquel entonces creía verdaderamente que estaba prestando un servicio a Dios. En ocasiones se le llama equivocadamente «santa indignación», pero no pierde por ello su fiereza, semejante a la de un león, aun cuando se oculta bajo la apariencia de un corderillo. Andad alerta con esta clase de decisiones. Los impulsos y las pasiones se convierten en un alud que ahoga el sonido de la obligación y arrastra a miles de víctimas en su pérdida irrecuperable.

Los prejuicios y las ideas preconcebidas. Éstas, por su clamor, nos obligan a hacer oídos sordos a toda voz que no esté de acuerdo con ellas. Pedro, aunque plenamente santificado, tuvo que ser llevado a un lado con el propósito de darle una buena lección antes de que fuese capaz de diferenciar, por encima de la barahúnda de estas dos voces, el llamamiento del Espíritu para que predicase el Evangelio a los gentiles. Estos dos árbitros siempre interpretan las sensaciones de acuerdo a su propio punto de vista y resultaría una locura apelar a ellos, pero logran engañar a millones de personas. He conocido a víctimas que se han sentido escandalizadas por nuevas y acertadas medidas que el Espíritu Santo sugería para la obra de avivamiento, sencillamente porque estos dos censores se sentían ofendidos.

La carne. Las voces del cuerpo claman con harta frecuencia para obtener una gratificación que es a la vez excesiva e ilegal. Cualquier impresión que le permita salirse con la suya goza de su aprobación, pues todas ellas sienten la ambición de ocupar el trono del alma y controlar sus decisiones, y, por ello, es preciso «mantenerlas bajo control», o en vez de los «frutos del Espíritu» cosecharemos los espinos de las «codicias de la carne».

Las opiniones de otras personas. En un sentido es

cierto que «en la multitud de consejeros hay seguridad», pero también lo es que con mayor frecuencia lo que hay es confusión. El que busca el consejo de otros más que el de Dios, encontrará pronto las voces en discordia que ahogan a la voz interior, y sabrá que es verdad lo de: «Maldito el hombre que confiare en el hombre, y pone carne por su brazo.» Con frecuencia Dios guía a sus hijos de manera contraria a los consejos de sus mejores amigos, a fin de enseñarles a que confíen en Él. De modo que ni siquiera las voces de nuestros mejores amigos pueden sustituir a las pruebas que nombraremos. Satanás o nuestro yo podrá en ocasiones dar pie a una poderosa sensación en la mente del Hermano Impulso o del Hermano Confianza en sí mismo y hacerles creer que es el Señor. Puede que esté relacionada con la acción del hermano Conciencia Sensible. Con la solemnidad y certeza dogmática de un oráculo infalible, le informan acerca de la revelación que afirman haber obtenido de Dios, implicando que dudan de su decisión, y tal vez por medio de la piedad, si no acepta su mensaje como divino. He conocido a personas que han traído estos mensajes y los han querido imponer, cuando el seguirlos sería ir en contra de la conciencia, del sentido común y de las enseñanzas más claras de la Palabra.

Señales. Satanás puede fácilmente imitar cualquier señal, como hizo en el caso de Moisés en Egipto. Es evidente que las señales no serían una norma adecuada por medio de la cual poner a prueba las impresiones, por lo que resulta arriesgado confiar en ellas. Pero toda la familia Cándida lo hace con frecuencia. Si tienen la impresión de que un miembro de su familia no ha de vivir mucho tiempo, y un pájaro entra volando en la habitación o se rompe un espejo, se sienten alarmados. Creen que es, sin duda, señal segura de otro fallecimiento si un sepulcro se desmorona o si llueve sobre el féretro de camino a su última morada. Están absolutamente convencidas de que trae mala suerte empezar un trabajo en viernes, y se dejan llevar por muchas supersticiones por el estilo. Se cree, además, que algunas personas a las que no les gusta que se las asocie con la familia Cándida se sienten afectadas por estas señales mucho más de lo que desean admitir.

Sucesos casuales. Otro truco que utiliza el adversario para evitar que las personas pongan debidamente a prueba sus impresiones, es convencerlas para que sometan estas impresiones a cualquier suceso casual. El Hermano y la Hermana Buscadores de la Verdad se han dejado guiar por el camino equivocado haciendo esto. Se sienten impulsados a hacer algo y deciden que si el día amanece despejado lo harán, pero si está nublado, entonces no lo harán. Si un cierto suceso casual acontece, darán por sentado que una sensación determinada procede de Dios, pero si no sucede, dirán que no es de Dios. Podemos llamar esta manera de actuar con el apropiado nombre de «echar suerte respecto al aspecto religioso de sus vidas». Viene a ser como «echar una moneda al aire», lo cual no puede aprobarse desde que descendió el Espíritu Santo en Pentecostés, y el hecho de que buenas personas recurran a ello sencillamente demuestra que son débiles. Fue antes de Pentecostés cuando los apóstoles «echaron suertes» para elegir a un sucesor de Judas. De haber esperado hasta después, sin duda hubiesen adoptado otro método para encontrarlo y se hubiesen ahorrado la vergüenza de escoger a un hombre, acerca del cual no se vuelve a hablar para nada, y de anticiparse al Espíritu, que puso a Pablo en lugar de Judas.

Dos personas fueron juntas durante muchísimo tiempo y tenían que haberse casado, pero un buen día el hombre se enamoró de otra mujer y se sintió profundamente impresionado por el deseo de casarse con ella. Fue a ver a su pastor para pedirle consejo, pero como quiera que no estaba de acuerdo con sus deseos, decidió resolver el asunto recurriendo al diablo. La suerte cayó sobre la mujer de la que se había enamorado locamente y siguió adelante, con resultados que la eternidad mostrará. Consideraríamos un loco al juez que echase una moneda al aire en lugar de tener en cuenta la evidencia presentada a la hora de emitir su juicio, pero el cristiano que se interpone de esta manera a las decisiones de la vida no es sabio, ni mucho menos. Las pruebas de Dios, aunque las cuestionemos miles de veces, responden siempre de igual manera, pero este recurrir a la suerte, si lo hacemos en muchas ocasiones, acaba por contradecirse a sí mismo, demostrando de ese modo su origen satánico.

Su uso nos hace sacar falsas conclusiones, entorpece la razón, alimenta la ignorancia, elogia la casualidad, deja a la conciencia confusa, complace a Satanás y entristece al Espíritu Santo.

Éstos y otros recursos por el estilo los utilizan con frecuencia «el mundo, la carne y el demonio» para realizar sus designios. El engaño es normalmente tan sutil que nos resulta imposible darnos cuenta de él, y solamente lo captan aquellas personas que han aprendido a someterlo a la prueba divina. Si bien es cierto que Satanás disfruta de cierta libertad para seguir adelante con sus esfuerzos por engañar, también lo es que no puede llegar más allá de lo que le permita Dios.

No sería de sorprender que existieran medios por los cuales fuese posible descubrir sus falsas monedas y que siempre pudiesen oír la voz clara e inconfundible de Dios. Dado que tenemos un Dios para el cual todas las cosas son posibles, un Salvador cuya misión es la de «destruir las obras del demonio» y que ha prometido a sus hijos «poder... sobre todo el poder del enemigo», semejante provisión es algo que podemos esperar confiadamente.

*Mas ellos fueron rebeldes,
e hicieron enojar
su santo espíritu;
por lo cual se les
volvió enemigo,
y él mismo peleó
contra ellos.*

Isaías 63:10

CAPÍTULO 4

Sensaciones de abajo: Los resultados de seguirlas

Cuando las personas actúan siguiendo cualquier sensación que se produce de repente, o cualquier impresión poderosa o repetida, en lugar de «meditar en el camino a seguir» y poner a prueba lo que determine el carácter de las mismas, los resultados son realmente lamentables. Las siguientes son unos cuantos ejemplos:

Perplejidad. Muchos se han sentido perplejos y desconcertados e incluso han estado al borde de la locura de este modo.

El demonio viene con una sugerencia y la disfraza bajo un traje brillante para que dé la impresión de ser verdad, insistiendo con persistencia. Si nos resistimos, afirma que los que lo hacen están resistiendo al Espíritu. Pero si ceden, entonces se quita su «traje de luces» y se ríe ante el engaño, diciendo: «No pasa nada», cuando trata de guiarlos por el mal camino, y después les acusa con furia, lo cual viene a ser un anticipo de lo que habrá de suceder a los que se pierden por la eternidad.

Un estudiante se sintió tentado a abandonar sus estudios y participar en una obra de avivamiento. La proposición vino de manera inesperada, y se vio obligado a tomar una decisión. Le encantaba ese trabajo y, sin pensárselo demasiado, decidió ir, pero esta decisión le hizo sentirse profundamente insatisfecho, y al orar al respecto, el Espíritu le hizo ver que su asistencia a la escuela había sido un hecho providencial y que debía permanecer en ella, mostrándole que Dios deseaba que continuase sus estudios. Cuando se vio libre de su apresurada promesa, desapareció su inquietud y el sol del favor de Dios volvió a brillar sobre él.

Un amigo mío se vio timado de esta manera, perdiendo cien dólares. Vino a verle un hombre, le contó una historia que le dio lástima, y presentó su caso de tal manera que mi amigo sintió compasión por él. Finalmente le pidió un préstamo de cien dólares. Mi amigo le había estado hablando acerca de su alma y temía que si se negaba a dejarle el dinero le endurecería en contra de la fe cristiana. Dejándose, pues, llevar por su impulso generoso le dejó el dinero. A la semana siguiente este hombre abandonó a su familia y se marchó del país con una considerable suma de dinero que había adquirido de igual manera. De haber pensado en ello, orado, hablado del asunto con su esposa y haberse molestado en dedicar el tiempo necesario a investigar la situación y conducta del demandante, se hubiese ahorrado su dinero y la vergüenza de verse engañado.

Las decepciones. La mayoría de los fracasos en los negocios se deben, sin duda, a que ni se busca ni se sigue la dirección de Dios. Los fracasos en la obra religiosa pueden deberse a la misma causa. Las reuniones de avivamiento que tienen como objetivo el crecimiento personal o sencillamente se deben al celo o rivalidad entre las denominaciones, están condenadas por este motivo. Conozco a un ministro del Señor que tuvo una serie de reuniones en un lugar determinado principalmente para mantener alejada a otra denominación. No había sido guiado por Dios, y sus esfuerzos acabaron en una tremenda decepción. Dios quiere que sus hijos aprendan a dejarse guiar por Él, y si las lecciones les causan mil decepciones, mejor es así que quedar sin aprenderlas.

La salvación, obstaculizada. El descuidar seguir al Espíritu cuando nos llama a donde desea que vayamos, con frecuencia se convierte en un obstáculo para la obra de salvación. Esto es algo que se destaca claramente en el siguiente incidente, escrito por uno de los lectores de *God's Revivalist**: «Durante un culto del sábado me fijé, sorprendido, que un hombre que ocupaba un asiento en otro banco a mi derecha era un antiguo conocido que en cierta ocasión vivió en nuestra casa. Me quedé sorprendido porque, a pesar de que vivía cerca de la iglesia, no le había visto antes en ningún lugar de adoración pública. Le conocía como hombre que se enorgullecía de su moralidad, que creía que no necesitaba ninguna otra salvación y que se mostraba totalmente indiferente a todo lo dicho por Dios.

»Pero aquella noche allí estaba escuchando con mucha atención. De repente me pasó por la mente que, al final del culto, yo debía hablar a este hombre e invitarle a que aceptase a Jesús. Me quedé asombrado conmigo mismo, pensando que no era muy apropiado ni usual actuar de ese modo, pero la impresión se hizo más profunda hasta que la tensión que me producían mis nervios apenas me permitía levantarme de mi asiento. Decidí que si surgía la oportunidad le hablaría. No tardó el Sr. P., que me había visto en la congregación, en acercarse donde yo me encontraba y, después de preguntar cómo estaba mi familia, se quedó unos minutos callado como si esperase que yo dijese

---

* «Dios Salvador.»

algo más, pero me faltó valor, y pronto se mezcló entre la multitud y perdí la oportunidad.

»Vine a mi hogar, lloroso, y me pasé una noche sin poder dormir. Durante muchos días no pude quitarme el peso que parecía sentir en mi corazón, y me hice creer a mí mismo que tal vez la impresión no procedía, después de todo, de Dios. A Él le plugo darme la seguridad de que su Espíritu es quien me había hablado. Sucedió de esta manera. Una tarde vi al Sr. P. que venía a mi casa y me propuse poner de inmediato el asunto a prueba. Entró y, saludándome con su buen humor acostumbrado y su carácter cordial, comentó tranquilamente que daba la casualidad de que pasaba por allí y se le ocurrió pararse para saber cómo nos iba. Me di cuenta de que fuese cual fuese el estado de su mente aquel sábado memorable, su modo de actuar era diferente en esta ocasión.

»En unos pocos minutos le hablé acerca de mis remordimientos por mi proceder tan cobarde que había eludido hablarle de su alma sin ahorrarme detalle. Mientras yo hablaba con un tono rápido y tembloroso, vi sus sentimientos dibujados en su rostro y a continuación se puso muy pálido. Después de unos cuantos minutos de silencio, como si le costase hablar, me dijo: "Creo que le debo hablar con la misma sinceridad que usted lo ha hecho, de modo que le diré que antes de aquella reunión, durante varias semanas había sentido, de una manera extraña, en el fondo de mi corazón, que había descuidado mi obligación para con Dios, para con mi familia y para el resto de mis semejantes.

»"Entonces contemplé la vida y sus responsabilidades como no lo había hecho con anterioridad, aunque apenas era consciente de lo que eso implicaba, pues me encontré con que mi mente era muy ignorante en cuanto a estas cosas, y esa noche, después de un día en el que me había sentido extraordinariamente deprimido, me dirigí hacia la iglesia sin otra intención que la de alejarme durante un tiempo corto de mi propia compañía. Una vez que me encontré allí, los cánticos, la lección de las Escrituras y la oración me afectaron como ninguna otra cosa lo había hecho anteriormente, y el sermón me llegó al alma, hasta hacerme sentir deseos de llorar con angustia. Me vi a mí mismo como un pecador perdido, y me propuse, cuando surgiese la oportunidad, confesar mis convicciones y pedir ayuda a los cristianos.

»"Acabó la reunión, pero nadie vino a hablarme al respecto, y le vi a usted mirándome, y de inmediato el recuerdo del culto familiar en su casa, en el cual me había arrodillado en otros tiempos por respeto a su familia, y, agarrándome al último destello de esperanza que me quedaba, decidí acudir junto a usted. No le echo la culpa por no haberme hablado, porque ¿cómo podía usted saber que yo deseaba hablar acerca de estas cosas, cuando usted sabía que yo siempre me había mostrado indiferente? Salí de aquel lugar con el espíritu amargado, diciéndome a mí mismo: "Bueno, parece ser que al fin y al cabo el cristianismo no tiene nada que ofrecer, si con tanta gente que hay aquí esta noche no hay ni una sola persona a la que le importe si un pobre pecador se salva o se pierde. Si eso es ser más como Cristo, es diferente de lo que yo había imaginado, así que me quitaré el asunto de la mente y correré el riesgo de pasar como todo el mundo." Desde ese momento no he tenido ningún sentimiento sobre el tema, pero a pesar de todo soy consciente de un sentimiento diferente, me siento amargado y triste.

»"Yo nunca hubiese mencionado esto a nadie de no haber hablado usted como lo hizo, pero si yo fuese usted, creo que seguiría esas impresiones, si me perdona la sugerencia, porque no sabe usted el bien que puede hacer."

»Debió de darse cuenta de la pena que yo sentía en mi rostro, porque añadió amablemente: "No se preocupe por esta circunstancia; creo que a la postre las cosas saldrán bien conmigo, pero si no es así, usted no tiene la culpa." Mas yo no opinaba igual. No podía quitarme de la mente la idea de que si este hombre se perdía, me pedirían cuenta a mí. Era una carga pesada, de la que no me olvidaba nunca, e incluso después de haber hablado con el Sr. P., varios años después, no podía pensar en ello sin dolor ni remordimiento, y ni siquiera ahora me es posible hacerlo, pero me ha enseñado una lección que, tal vez, ninguna otra cosa podría haberme enseñado jamás.

»Dios no puede confiar su obra a los que son desobedientes, sino a los obedientes y a los fieles les concederá grandes y benditas oportunidades para ganar a sus prójimos para Cristo. Ojalá que pudiese escribir un sermón tan incisivo que penetrase hasta el fondo del alma de cada cristiano. Sería sobre este principio: Asegúrate de que la menor impresión en tu corazón te dispone a realizar la obra, pues lleva el sello divino, y entonces obedece a cualquier precio.»

Prisas innecesarias. Estas personas se olvidan de que «si el Espíritu Santo inspira algo, siempre da tiempo para consultarlo con Dios». Hay personas impetuosas que siempre andan con prisas por causa de las presiones causadas por ellas mismas o por las influencias satánicas, y van de prisa y corriendo, haciendo las cosas más por la prisa que por sensatez, y se pierden la dirección de la voz apacible que les hubiese hecho sentirse seguras y satisfechas.

Formalismos. Me temo que hay personas que, al igual que les sucedía a los que rechazaron a Jesús, influenciados por sus prejuicios e ideas preconcebidas, han hecho oídos sordos a la dirección divina y han apagado el Espíritu y, al igual que les sucedió a ellos, su adoración no ha sido otra cosa que un puro formulismo, totalmente falto de vida y poder, sin que haya piedad auténtica en su corazón. El sustituir el cristianismo por formulismos denominacionales, hace que su condición sea lamentable, y es uno de los resultados prevalecientes y tristes que suceden por seguir a las «sensaciones de abajo».

Fanatismo. En la actualidad hay mucho más peligro de que las personas perezcan por causa de frialdad que por causa del fanatismo. Ambos extremos deben evitarse, pues todo fanatismo, desde los tiempos primitivos a los actuales, se ha producido por no saber poner a prueba con el examen necesario «las sensaciones de abajo». Éste es uno de los peligros que amenaza a las personas espirituales, de la misma manera que un tren expreso puede salirse de las vías con mayor facilidad que un tren lento. Los *trenes de Dios*, sin embargo, no tienen nunca necesidad de caer en el fanatismo, y no lo harán nunca si siguen las instrucciones del Evangelio.*

La desesperación. Cuando Satanás consigue que una persona haga o no haga algo determinado, según sea el caso, normalmente se deja caer como un ciclón y le acusa a esa persona de haber cometido el «pecado imperdonable». Les cita Hebreos 10:26, 27, en relación con el «pecado voluntario» y su castigo, así como 2 Pedro 2:20, 21 acerca de que «su postrer estado viene a ser peor que el primero»; y Hebreos 6:4-6, donde dice que es «imposible» para algunos de «los que recayeron, sean otra vez renovados para arrepentimiento», y pasajes por el estilo. Es como si pusiera un vendaje a los ojos de sus víctimas para que no pudiesen ver las

---

* A los creyentes sinceros de este siglo de templada y sensata piedad, aunque también de frialdad espiritual, nos parece imposible que los creyentes, tanto católicos como protestantes, de los siglos pasados no se dieran cuenta de pasajes escriturales tan claros acerca de la tolerancia religiosa como son Lucas 9:49, 50 y Romanos 14. Sin embargo, sin llegar a extremos como los de aquellos tiempos, pensemos si no somos culpables de intolerancia, en algún grado, cuando tratamos con hermanos de otras denominaciones cristianas que no piensan como nosotros en detalles de fe y de adoración.

abundantes provisiones de perdón que existen para la persona que se arrepiente con toda sinceridad y verdad, haciendo que piensen tan sólo en pasajes como los que hemos mencionado. A menos que se aferren a la sangre de Cristo y hagan suya la victoria de Jesús, se convierten en víctimas de una profunda depresión, e incluso, a veces, desesperación.

La siguiente carta es un ejemplo del poder que tiene Satanás al respecto: «Espero que la necesidad tan urgente que tengo de "ayuda en tiempo de prueba" sea suficiente motivo para pedirle perdón por atreverme a acudir a usted, aunque sea una desconocida. Acabo de leer el capítulo titulado "De regreso a Babilonia" del libro *Out of Egypt into Canaan** y me ha hecho concebir una ligera esperanza en medio de mi desesperación. Quiero escribirle suplicándole que me ayude. Hace tres meses que entré en la Canaán del amor perfecto, pero hoy soy la criatura más desgraciada del mundo. Creo que todo ello se debe a que me resistí a una impresión del Espíritu. No estaba segura de que procediese de Dios y, por temor a que me hiciese caer en el fanatismo, me resistí a ella, de manera que al cabo de un tiempo desaparecieron mi gozo y mi paz. Cedí en tal ocasión, pero al parecer era ya demasiado tarde. Entonces me sentía dominada por los más terribles sentimientos, y aunque durante el día podía resistirme a ellos con toda la fuerza de mi voluntad, por las noches era como si Satanás se hubiese apoderado de mi voluntad, y ahora pasan por mi mente y corazón pensamientos rebeldes y no tengo fuerza de voluntad para rechazarlos y no puedo, como hacía con anterioridad, dejárselos a Jesús para que me los quitase. La semana pasada, después de cuatro noches de insomnio

---

* Este libro, titulado *De Egipto a Canaán*, es una obra en inglés que nada tiene de parecido con otro libro del mismo título del doctor D. José Flores, publicado por Editorial CLIE. *(Nota de la red.)*

con la constante agonía de estas terribles tentaciones, de repente dejé caer mi resistencia. Creí que ya estaba perdida, y para intentar ahogar la agonía que me producía este pensamiento, intenté pensar que Cristo no existía. Entregué mi dulce experiencia del Espíritu Santo de Dios en manos del enemigo, y aunque hubiese querido reclamarla de inmediato, me doy cuenta de que es demasiado tarde. No puedo acertar a explicarle la agonía en que vivo. Mi querida madre está en los cielos, y yo, la hija mayor, no puedo confesar a mi querido padre o a mis amables hermanas menores, que me han considerado siempre como una persona que puede guiarlas, lo que me ocurre. Esto haría que perdiesen la confianza en mí para siempre. Estoy convencida en mi alma de haber cometido el "pecado imperdonable". Intento orar, pero pienso siempre en Esaú, que no encontró lugar para el arrepentimiento, aunque lo buscó desesperadamente y con lágrimas. Desde que he leído su libro, he estado ayunando e intentando elevar mi pobre corazón muerto al Señor. No encuentro alivio, de manera que le escribo a usted y le suplico que me conceda la siguiente petición: Tan pronto como reciba esta carta, exponga mi caso lamentable a alguna persona que esté llena de fe y del Espíritu Santo, y "pónganse de acuerdo" respecto a esta petición, en ayuno. Me siento como el hombre vencido de Mateo 12:43-45, llevada cautiva por el demonio, bajo su voluntad. Me ha costado trabajo pedirle esto, y tengo la confianza de que me concederá mi petición. Se trata del alma de una persona profundamente necesitada que apela a otra persona. Por favor, guarde el triste secreto de mi nombre; pero ¿quisiera usted escribir unas líneas a alguna hermana en Cristo sobre mi lamentable caso?»

Es evidente que Satanás tentó a esta querida hermana para que dudase. Guiada por Dios, ella se negó a escucharle al principio, pero luego el demonio consiguió que ella creyese que las impresiones venían de Dios, en lugar de venir de él, y que ella había apagado al Espíritu.

Todos deben de recordar que «si hemos pecado, abogado tenemos para con el Padre», y que aquellos que han cometido el pecado imperdonable, se han endurecido de tal manera que no se preocupan en modo alguno de si han pecado o no.

Los terribles resultados que siguen cuando la persona se niega a dejarse guiar por Dios son demasiado terribles como para hablar sobre ellos. Tal vez la descripción más gráfica de ellos se encuentre en el peregrinar por el desierto del pueblo de Israel después que se negaron a dejarse conducir a la tierra prometida. Ojalá que todos nos resistamos de tal modo a las «sensaciones de abajo» y que seamos de tal manera «guiados por el Espíritu» que nunca tengamos que pasar personalmente por las experiencias acerca de las cuales hemos hablado en este capítulo, sino que permanezcamos para siempre a la luz de su sonrisa, en cuya «presencia hay plenitud de gozo» y a cuya mano derecha «hay placeres para siempre».

*Examinadlo todo,
retened lo bueno.*

1 Tesalonicenses 5:21

*¡A la ley y al testimonio!
Si no dijeren conforme a esto,
es porque no les ha amanecido.*

Isaías 8:20

CAPÍTULO 5

Sensaciones: Cómo ponerlas a prueba

Dios ha provisto tan abundantemente una guía para sus hijos que pueden estar tan seguros de ella como de que son salvos.

A fin de poder hacerlo, es necesario aplicar a toda impresión dudosa unas pruebas que nos ayuden a detectar la verdad, y el poder hacerlo a veces requiere una profunda visión espiritual; sin embargo, es un privilegio que hasta el menor de sus hijos puede disfrutar. «Sus ovejas oyen su voz» y «le siguen», y no se nos mandaría «probad los espíritus para ver si son de Dios» si no hubiese peligro en ellos o si fuésemos impotentes para distinguirlos. Todas las impresiones que proceden de lo alto poseen las cuatro características siguientes. Son *bíblicas* y están de acuerdo con la voluntad de Dios tal y como nos ha sido revelada en su Palabra; *justas*, o sea, de acuerdo con su voluntad como ha sido revelada en la naturaleza moral del hombre; *providenciales*, o sea, en armonía con la voluntad de Dios revelada en su trato providencial con los hombres; y *razonables*, o sea, en armonía con la voluntad de Dios según el juicio emitido por una persona que ha sido espiritualmente iluminada.

Algunas impresiones son tan evidentemente de Dios que resulta innecesario someterlas a prueba, pero todas aquellas que resulten dudosas en lo más mínimo, debieran de presentarse ante este tribunal definitivo de apelación.

Toda impresión que viene de Dios tiene el sello divino de Bíblica, Justa, Providencial y Razonable. Es peligroso actuar basándose en una impresión a la que le falte alguna de estas condiciones.

Bíblica. Las sensaciones que proceden de lo alto están siempre de acuerdo con la totalidad de las enseñanzas de la Biblia. Otras sensaciones pueden tener solamente algún pasaje que las apoyen, pero la guía de Dios está de acuerdo con todo el libro sagrado. Nunca guía a una persona a que haga algo que sea contrario a sus enseñanzas o a que influencie a otros en dicho sentido. En todos los puntos dudosos es preciso que nos preguntemos a nosotros mismos: «¿Qué es lo que la Biblia enseña al respecto?», y eso debiera hacernos escudriñarla hasta que obtengamos el conocimiento necesario, y entonces debemos de actuar conforme al mismo. Como es un libro de principios generales, cubre casi todos los puntos prácticos que ocurren en la vida humana.

Multitud de sensaciones de abajo se mueren del susto cuando son contempladas ante el espejo de la Palabra de Dios. La espada del Espíritu, que es la Palabra de Dios, atravesará la más gruesa armadura tras la cual pueda ocultarse Satanás con sus sugerencias, que no son otra cosa que un engaño. Por lo tanto, examina detenidamente toda impresión dudosa, bajo el foco de la enseñanza de las Escrituras al respecto.

«Es un error lamentable», dice el doctor Dougan Clark, «el descuidar, rechazar o pasar por alto las enseñanzas de la Santa Biblia, con el pretexto de que las enseñanzas internas del Espíritu tienen más valor que la letra exterior. Siempre nos encontramos con que aquellas personas que más aman a Dios, también aman su Palabra de una manera especial. El que se deja enseñar por las Escrituras está siendo enseñado por Dios; y no es nunca el Espíritu Santo el que induce a la persona a que abandone la revelación escrita por hombres santos a los cuales inspiró el Espíritu... Si nuestro Padre celestial ha revelado con toda claridad su voluntad mediante la Palabra escrita, en referencia a cualquier tema, no debemos de esperar ninguna otra revelación de su Espíritu que nos enseñe cuál es nuestra obligación en ese sentido.»

Jesús mismo apeló a la Palabra cuando fue tentado por Satanás, y todos sus seguidores que siguen sus pisadas obtendrán también la victoria.

Los Mormones, la comunidad Oneida, el Universalismo y toda una serie de doctrinas erróneas, que son el resultado de ciertas sensaciones de abajo, a pesar de que afirman que proceden de Dios, están condenados porque son culpables ante la prueba infalible.

Cuando te encuentres ante cualquier impresión que te haga dudar, pregunta: «¿Es esto bíblico?» Si no lo es, entonces no queda más remedio que llevarlo al exilio siberiano de las impresiones condenadas.

Justa. Dios habla también por medio de las convicciones morales del hombre, puesto que la norma del bien y del mal es universal respecto a cuestiones morales. Hasta los caníbales saben que está mal robar, mentir y matar, «cosas que muestra la ley que está escrita en sus mismos corazones».

«Nuestras propias mentes», escribió Charles Finney, «con sus convicciones y sus afirmaciones necesarias, nos revelan verdaderamente a Dios y muchas de sus grandes verdades que se refieren a nuestra relación con Él y su gobierno.»

Las sensaciones que proceden de Dios siempre son correctas. Pueden ser contrarias a nuestros sentimientos, a nuestros prejuicios y a nuestras inclinaciones naturales, pero siempre tienen razón. Saldrán airosas de todas las pruebas, y su rectitud no tarda en convertirse en una convicción que resulta inconmovible.

La voz de la Escritura y del bien están siempre de acuerdo, pero muchos que no poseen toda la luz de las Escrituras están convencidos de que la voz interior es la que debe mostrarles siempre el camino a seguir y sus obligaciones. Esta voz nos impide que aceptemos cualquier impresión que pueda llevarnos a hacer el mal.

Millones de impresiones propias, si nos vemos obligados a contestar la sencilla pregunta: «¿Están bien?», se sonrojarán, dudarán, temblarán y finalmente se alejarán, confusas.

Providencial. Con frecuencia Dios habla a sus hijos mediante su intervención providencial. «Al examinar las Escrituras sobre este asunto», escribe G. D. Watson, «encontramos que la esfera peculiar de la dirección del Padre resulta providencial, la esfera peculiar de la dirección de Cristo es la Palabra escrita, y la esfera perteneciente al Espíritu es la guía directa de la convicción y la iluminación sobre el corazón y los sentidos espirituales.

»La providencia de Dios afecta a cada aspecto de nuestro ser físico y a nuestros deseos, al mismo tiempo que apela a nuestro sentido común. El *Logos*, que es la Palabra de Dios, se apodera de nuestra naturaleza inmortal y apela a nuestra fe; el Espíritu Santo opera de modo inmediato sobre nuestro corazón y nuestra mente, dándonos tales impulsos, haciéndonos disuadir de nuestras ideas, dándonos presentimientos o haciendo que nos sintamos atraídos hacia aquello que es lo que forma el relleno práctico y vivo del bosquejo que nos sirve de guía.»

En su tratado, de gran valor, sobre la dirección divina el doctor Upham menciona, de manera enfática, esta prueba de las impresiones: «La mente de Dios, tal y como se manifiesta en sus providencias, y la mente del Espíritu Santo, al revelarse al alma, es la misma y, por consiguiente, no puede haber desavenencia en sus diferentes desarrollos, sino que estarán siempre en armonía la una con la otra.

»La una sirve para iluminar a la otra. No cabe duda que la mente del Espíritu, en cualquier caso de acción o de obligación práctica, no puede, en general, permitir que actuemos por nuestro capricho, sino tras esperar que Dios obre por las circunstancias... De igual modo que los instrumentos musicales no emiten sus preciosos sonidos hasta que unas manos diestras no los tocan, la inspiración interior del Espíritu Santo está, en cierta medida, latente en la mente y no es susceptible de un análisis claro en cuanto a sus reacciones al oído espiritual hasta que no recibe su interpretación por la aplicación exterior de sucesos providenciales.»

Si la dirección procede de Dios, «las paredes se derrumbarán ante ella». El Señor nos lo asegura en la frase: «Cuando saca a sus ovejas, va delante de ellas, y las ovejas le siguen, porque conocen su voz.» Fijémonos aquí en las expresiones «va delante» y «siguen». Él va delante para preparar el camino y nosotros debemos de seguirle por ese camino que ha quedado expedito de este modo. No es nunca señal de la dirección divina cuando un cristiano insiste en abrirse paso a codazos, venciendo cualquier contrariedad forzando las cosas. Si el Señor va delante de nosotros, nos abrirá todas las puertas y no tendremos necesidad de echarlas abajo a base de martillazos. La Palabra declara: «He aquí abro una puerta delante de vosotros, y ningún hombre podrá cerrarla» (citado de *The Christian's Secret of a Happy Life*,* escrito por Hannah W. Smith).

Esta puerta abierta que nos ofrece el Señor de

---

* «El secreto del cristiano para una vida feliz.»

oportunidades providenciales espera a cada persona que sigue las sensaciones procedentes de lo alto.

«Iré delante de vosotros», ha declarado Jehová, a todos los que le sigan, «y enderezaré los lugares torcidos; quebrantaré puertas de bronce y cerrojos de hierro haré pedazos». Las sensaciones de lo alto se encuentran con «lugares torcidos, que son divinamente enderezados, y puertas de bronce que se rompen por acción divina, y cerrojos de hierro que ceden ante la influencia divina».

Los caminos que se abren, por los cuales nos sentimos siempre agradecidos, son de dirección divina y además maravillosos. Dios no pone jamás el deseo en un Noé de construir un arca o el deseo en un Salomón de construir un templo sin ofrecerles los medios, los hombres y los materiales necesarios que apoyen a su fe. Nunca pone en un Felipe el deseo de ir a predicar el evangelio a una persona sin al mismo tiempo preparar el corazón de la persona que ha de recibir dicho mensaje. Nunca le dice a un Pedro encarcelado: «Levántate presto», antes que fuesen rotas las cadenas de manera providencial y de ver que las puertas se abrían a su paso de modo también providencial.

Los Pedros que se lamentan porque no pueden, por causa de impedimentos providenciales, hacer aquello que insisten en que Dios les está guiando a hacer, es porque no se dejan influenciar por impresiones de lo alto. La tercera puerta, de seguridad, bajo la dirección divina, siempre se abre de par en par, como por arte de magia, ante el rostro de aquel que Dios está guiando.

Dios no nos incita nunca a realizar cosas imposibles, por lo tanto siempre nos es posible seguir aquello que Él pone en nuestros corazones. La persona que se siente impulsada a hacer algo que, por la naturaleza del caso no puede llevar a cabo, puede estar segura de que la dirección procede de otra fuente que no es la de lo alto. Peter Dashaway se siente con frecuencia humillado por el fracaso de sus impresiones, que no aciertan a pasar esta sencilla prueba. Si el camino no parece estar claro delante de nosotros y todo indicio providencial parece contrario, bueno sería que nos detengamos. Y si no cambian las circunstancias lo echemos al olvido. Puede que esto nos cueste, pero el olvido debiera ser, sin duda alguna, su destino.

No podemos por menos de citar aquí las lúcidas enseñanzas de G. D. Watson sobre un punto que con frecuencia nos deja confusos: «El Espíritu Santo no nos guía nunca de manera contraria a la Palabra, ni ésta nos guía de manera contraria a la Providencia, y la Providencia, a su vez, no nos guía de manera contraria ni a la Palabra ni al Espíritu. De modo que estos tres elementos de la dirección divina funcionan siempre de manera armoniosa.

»Hace algunos años una señora se acercó al púlpito pidiendo en oración un corazón limpio, pero también se encontraba allí Satanás y, aparte de las otras pruebas que trajo a la mente de esta mujer (porque es muy capaz de traer pruebas en dichas ocasiones), estaba la siguiente: "Si hay dificultades que se interponen en mi camino, es como si Dios me dijese: ¿Serás tú capaz de ir a África a pesar de todo y contra todo?"

»Son muchas las personas que han tenido que pasar por duras pruebas. Yo he tenido que pasar por ellas más que cualquier otra persona en este mundo. Todos los que han sido santificados durante los últimos cinco años, han tenido que pasar por el aro.

»"Bueno", me dijo mi esposa, "cuéntame sus circunstancias. Tú sabes que Dios no le va a pedir ninguna tontería." Esta mujer tenía esposo y cinco hijos y una casa de que cuidar. Mi esposa (que tiene más sentido común que yo) le dijo a su amiga: "¿Crees que el Espíritu Santo podría pedirte que hicieses algo que no permita la providencia de Dios? ¿Puede el Espíritu de

Dios ir en contra de la providencia de Dios? ¿Y crees posible que Dios te pide que marches a África dejando a tu esposo y a cinco hijos?" Ella no comprendía que eso fuese posible. Mi esposa le dijo entonces: "Es posible que dentro de veinte años Dios quiera que vayas a África, y puede que Él dirija las cosas de tal manera que puedas ir. Tú limítate a decir: 'Sí, Señor, iré cuando tú me envíes', y entonces podrás quedarte tranquila. Todo lo que Dios desea es la lealtad de tu corazón; estoy segura de que Él prefiere tu lealtad a que vayas a África, a China o a cualquier parte." Entonces la mujer dijo: "Sí, Señor, estoy dispuesta a hacer lo que tú quieras", y ahí acabó el asunto y no mencionó a África para nada. Si tú deseas de verdad ser divinamente guiado, consulta sencillamente a la providencia de Dios y a su Palabra, y consulta además las convicciones del Espíritu de Dios en tu corazón, y si eres humilde y te dejas enseñar, el Señor se asegurará de que seas debidamente guiado.»

Razonable. Las sensaciones de lo alto están siempre de acuerdo con el juicio iluminado, desde el punto de vista espiritual. Dios nos ha dado, con un propósito determinado, el poder para que razonemos, y lo respeta. Siempre que nos guía lo hace conforme a Su voluntad, y apela a esa razón que nos ha dado. Él nos presentará todos los hechos relacionados con el caso concreto, de tal manera que esa dirección esté siempre de acuerdo con el sentido común santificado. De hecho, cuando superamos las tres pruebas que hemos mencionado, la razón no puede por menos que aceptar las conclusiones que resulten.

Yo tengo una amiga a la que le asustaba recibir el bautismo del Espíritu Santo porque Satanás no hacía más que sugerirle que si lo efectuaba tendría que hacer cosas absurdas e irrazonables. La «impresionó» de tal modo que le metió a esta mujer en la cabeza la idea de que tenía que ir a predicar en reuniones políticas, que tenía que hablarles acerca de la religión a todas las personas con las que se encontrase en la calle y por todo lugar, y hacer otra serie de cosas por el estilo, todas ellas la mar de irrazonables. Le hizo creer que estas impresiones procedían de Dios, y no de su mente. De esta manera logró confundirla y asustarla. Satanás aprovechó el hecho de que debemos de hacer el bien «siempre que tengamos oportunidad» e intentó obligar a esta mujer a que forzase las oportunidades. Si ella hubiese apelado a las pruebas antedichas, hubiera conseguido la derrota del demonio. Dios no pide nada que sea irrazonable, sino que nos pide que «razonemos» con Dios, y apela a nuestro juicio para que comprendamos que su servicio es un «servicio razonable».

Como alguien ha dicho sabiamente, «es bueno que nos devanemos los sesos pensando si algo es razonable y tiene sentido». Si nosotros, que somos seres finitos, nos damos cuenta de que no son razonables, debemos de llegar, irremisiblemente, a la conclusión de que no pueden venir de Dios, quien es infinitamente más sabio que nosotros. En el siguiente pasaje Upham dice que no debemos depender de nuestro poder de razonamiento, por sí solo, para este propósito, y que Dios mismo nos ayuda a ver la verdad por medio de su uso: «Si cerramos nuestros ojos naturales tropezaremos con muchos obstáculos, y lo mismo sucederá si nos permitimos que Dios ilumine nuestro poder de raciocinio, o si tomamos las decisiones a la ligera, metiéndonos, por ello, en grandes dificultades.

»Dios nos trata como a seres racionales, y es natural que no nos exija que actuemos conforme a sugerencias o impresiones repentinas, aunque vinieran de Él mismo, sin que primeramente las sometamos al escrutinio de la razón.

»Aquí nos encontramos con un método adecuado para poder operar, ya que de lo contrario nos haría enfrentarnos con una serie de peligros.

»Por consiguiente, cuando se nos ocurre una idea de buenas a primeras, deberíamos demorar su ejecución, aunque a primera vista nos parezca necesaria la acción inmediata.

»Debiéramos de compararla con la voluntad de Dios tal y como nos ha sido revelada en la Biblia.

»Debiéramos examinarla fríamente y con calma, a la luz de la razón y con la ayuda de la oración.

»De hecho, si la sugerencia procede de Dios, nos será presentada precisamente con este mismo objeto, de modo que no caigamos en la equivocación de actuar sin examinar las cosas y sin razonarlas, dejándonos arrastrar por la insensatez, cuando lo que debemos hacer es someter la idea a un profundo interrogatorio... Ésta es una gran verdad práctica y religiosa, por mucho que la desconozcan aquellos que no son santos de corazón (aunque se precian de serlo); que la decisión pase por un juicio verdaderamente santificado y seamos de veras convencidos de que es de verdad la voz de Dios que habla al alma.»

John Wesley aconsejó que todas las consideraciones terrenales fuesen examinadas a la luz de la Biblia: «Someted todas las cosas a la Palabra escrita, y que todos se inclinen ante ella. Corréis el peligro de dejaros llevar por el entusiasmo (o el fanatismo) a cada momento si os alejáis en lo más mínimo de las Escrituras, o incluso del significado literal de cualquier texto que se tome en relación con el contexto. Y esto os sucederá si despreciáis, o tomáis a la ligera, la razón, el conocimiento o el aprendizaje humano, siendo todos ellos excelentes dones de Dios y que pueden servir a los más nobles propósitos.»

El Espíritu Santo, sí, es el guía divinamente nombrado y nosotros debemos dejarnos guiar por él. Él habla directamente a nuestros corazones, pero, además, se vale de los cuatro medios que ya hemos mencionado, sin contradecirse jamás. De modo que existe siempre una perfecta armonía entre sus impresiones internas y las de esas cuatro voces.

Cuando tengamos una impresión no debemos de actuar nunca conforme a ella sin que antes no esté perfectamente de acuerdo con estas pruebas. Dios no nos pide nunca que actuemos ante incertidumbres, el hacerlo es un suicidio espiritual. «El que duda es condenado si come», y el principio se aplica a cualquier cosa relacionada con la justicia que suscita la duda.

Las sensaciones que proceden de lo alto superan siempre las pruebas acerca de las que hemos hablado, y cualquier impresión que nos haga sentirnos dudosos debe ser rígidamente sometida a estas pruebas en oración. Si son conformes a las Escrituras, si son justas, providenciales y razonables, podemos aceptarlas como voz de Dios y seguirlas con la confianza misma con que el ángel trajo a la tierra las buenas nuevas del nacimiento de nuestro Salvador. De lo contrario debemos rechazar con firmeza estas impresiones, para que no nos lleven a cometer alguna locura ni nos hagan caer en el fanatismo, llevándonos a la ruina final.

Si bien es cierto que estas pruebas son suficientes y definitivas, los siguientes hechos son algunos que vale la pena tener en consideración al respecto.

Las impresiones divinas son persuasivas. Dios no nos fuerza, sino que nos guía a los que somos sus hijos. Las impresiones que proceden de otras fuentes son ordinarias, clamorosas, febriles y lo que intentan es ahogar la voz del Espíritu. G. D. Watson dice: «Es posible detectar al demonio por una o dos cosas: siempre habla con rudeza, mientras que la voz de Jesús es suave y tierna. "El que tenga oídos para oír, oiga", decía Jesús. Cuando un espíritu deja una impresión en mi mente, esa impresión puede producirse de manera ordinaria, jaleosa, apresurada, desordenada, o bien esa convicción puede sentirse con calma, de manera apacible y dulce. Cuando el demonio produce una impresión en el corazón de alguien, lo hace con impacto. Es decir, que procura dejar una fuerte impresión sobre la mente; hablo, por supuesto, desde el punto de vista mental.»

Las sensaciones que proceden de lo alto dan suficiente tiempo al que busca con sinceridad como para que se asegure de su autenticidad. Las que son de abajo, empero, son casi siempre con prisas y temiendo ser detectadas, por eso fuerzan al individuo a tomar una decisión atropellada.

«El demonio quiere», continúa Watson, «que andes con prisas y corriendo desordenadamente, sin esperar a nada, mientras que Jesús actúa siempre con calma, tomándose en cada caso su tiempo. Algunas veces, en los asuntos de negocios, el demonio nos hace creer que debemos darnos prisa y tratar un negocio sin tomar el suficiente tiempo para orar, pero cuando llevas las cosas a Dios en oración y esperas, si Dios deja una impresión en la mente, lo hace de una manera delicada y con ternura.

»Cuanto más esperamos en Dios, si la convicción procede del Espíritu Santo; cuanto más esperamos y oramos, más débil nos parece. Es posible saberlo por ello. Si sientes el llamamiento a la obra misionera o cualquier otra cosa, y dices: "Me gustaría saber si esto es algo que viene de Dios o de Satanás", es necesario que te tomes tiempo. Si el mundo se incendia y tu casa está medio quemada, te tomas el tiempo necesario y esperas en Dios.»

Si bien es cierto, cuando conocemos cuáles son nuestras obligaciones, que «los negocios del rey han de realizarse con celeridad», también lo es que, cuando no estamos absolutamente seguros, «el que cree no debe de apresurarse».

Mi amigo al que hace poco le timaron cien dólares, se hubiese ahorrado una costosa lección de haber sabido esperar, orar y puesto el asunto a prueba.

Las sensaciones de lo alto agradecen la luz, pero las

que son de abajo acobardan ante ella. A las primeras les agrada ser estudiadas, pero a las segundas las asusta verse sometidas a prueba y no les gusta que se las ponga en duda. Adán y Eva, mientras que siguieron las de lo alto, se sintieron poseídos de un atrevimiento inocente y santo, y se deleitaban con la presencia divina, pero después buscaron, instintivamente, ocultarse de Dios con su ojo escrutador.

Cuando seguimos las sensaciones de lo alto nos sentimos invadidos por una dulce paz y somos conscientes de que son correctas, pero las de abajo, por medio de la perplejidad y la sensación de que algo anda mal, nos privan de toda paz; las impresiones primeras nos dan descanso.

Las sensaciones de lo alto apelan a nuestros más elevados instintos espirituales, pero las de abajo con frecuencia lo hacen a nuestras pasiones, a nuestros prejuicios, a nuestros caprichos, a nuestras infatuaciones y a nuestras inclinaciones egoístas.

Las que proceden de lo alto nos hace sentir: «Debería de hacerlo», y si las obedecemos nos deleitamos dulcemente en poner en práctica nuestra obligación. Las de abajo, por el contrario, están faltas de esta característica, y la gratificación será temporal. En cada rosa que traen se oculta una serpiente y no tardamos en sentir su mordedura fatal.

A las sensaciones de abajo les falta todo calor espiritual, y aunque Satanás puede copiar hábilmente la luz de la verdad, no puede imitar el destello del amor santo. Por ello, las impresiones que vienen de él nos producen un frío y un desasosiego espiritual, en lugar de calor y satisfacción.

Las sensaciones de lo alto maduran hasta llegar a ser convicciones, pero eso es imposible para las que proceden de abajo. Pueden cristalizar, convirtiéndose en deseos, en imaginaciones o en opiniones, pero no se convierten nunca en convicciones. Las primeras hacen que los hombres sean como los apóstoles después de Pentecostés, de tal manera que no pueden hacer otra cosa «sino hablar», orar y actuar. Las últimas se excusan por atreverse a expresarse y son barridas ante las otras como si se tratase de hojas arrastradas por un viento huracanado. Es parte de la misión del Espíritu Santo llenarnos de una convicción de tal manera que podamos ser como «las montañas alrededor de Jerusalén», poderosas e incomovibles. Las condiciones que debemos de cumplir para poder aplicar estas pruebas son algo que veremos en los próximos capítulos.

El Espíritu Santo es un guía que no se equivoca nunca, y todo aquel que se aleje de toda impresión equivocada y siga totalmente su dirección será guiado a «toda verdad». Debiera ser la meta de todo cristiano vencer la falta de atención y no ser olvidadizos, sino dejarse guiar.

Debiéramos todos de «probar los espíritus» y estar «velando y orando» para que, al igual que los pueblos de antiguo, podamos ver «la columna de nube de día y el fuego de noche», para así poder ser guiados «por el camino debido» y ser «perfectos y completos en toda la voluntad de Dios».

Para concluir, repasemos de nuevo los *tests* indicados para todas las impresiones, y recordar siempre que no debemos de actuar guiados por ninguna impresión sin ver si lleva el sello divino, formado por estas cuatro características:

Bíblica. De acuerdo con la voluntad de Dios conforme nos ha sido revelada en su Palabra.

Justa. Conforme a la voluntad de Dios según se revela a la conciencia moral del hombre, por medio de su ley, que está escrita dentro de la naturaleza moral.

Providencial. De acuerdo con la voluntad de Dios tal y como lo ha revelado en sus circunstancias providenciales.

Razonable. De acuerdo con la voluntad de Dios según ha sido revelada a los poderes de razonamiento del hombre, iluminados por el Espíritu Santo.

Todas las impresiones que no llevan el sello divino carecen de todo valor, de igual manera que no tiene valor alguno un billete de tren que no lleve el sello de la oficina que lo ha expedido. El motivo por el cual muchas personas se ven contrariadas en sus planes y obligadas a a desistir de los propósitos en los cuales se habían embarcado, es que actúan siguiendo impresiones que no llevan este sello sagrado.

Cuando una sensación ha sido sometida a prueba y sabemos que procede de Dios, debemos de entregarnos a ella en cuerpo y alma, y actuar conforme a ella con firmeza, con valor y persistencia. Es el momento en que el cristiano debe «endurecer su rostro como el pedernal», sin volverse ni a la derecha ni a la izquierda. Puede que sus sentimientos le hagan sollozar, que sus imaginaciones se desvanezcan, que protesten aquellos textos de las Escrituras que hemos malinterpretado, que sus infatuaciones se entreguen a la desesperación, que se sienta decepcionado en sus impulsos y pasiones, que sus apetitos se quejen, que tenga que abandonar sus prejuicios y nociones preconcebidas, que sus amigos se sientan consternados porque sus sueños y señales no se cumplen y ellos se conviertan en falsos profetas; que «Satanás se enfurezca, enviando sus dardos de fuego», a pesar de lo cual el cristiano habrá de seguir «dondequiera» que Dios le guíe. «Libre de todo falso camino», podrá probar la bendición de las palabras del sabio filósofo cristiano que dijo: «Feliz es aquel que no se deja llevar por lo que ve ni oye, ni por extrañas impresiones momentáneas que pueden ser el resultado de unos sentidos en desorden, del mundo o del demonio, sino por esa luz clara que ilumina el intelecto, la conciencia y el corazón, que es siempre consistente consigo misma y que, en realidad, tiene por autor al Consolador, que es el Espíritu Santo.

»Podrá también probar cuán preciosa es la promesa que dice: "Jehová te pastoreará siempre, y en las sequías saciará tu alma, y dará vigor a tus huesos; y serás como huerto de riego, y como manantial de aguas, cuyas aguas nunca faltan"» (Isaías 58:11).

Gloria sea dada a Dios porque experiencias como éstas son posibles para cada uno de sus hijos.

Os guiará a toda la verdad.

JUAN 16:13

CAPÍTULO 6

Sensaciones de lo alto: La dirección divina garantizada

A algunas personas les da vergüenza hablar acerca de este tema precisamente porque otras han caído en el fanatismo al respecto. Por ello, se pierden el ver con claridad algo que bien podrían haber disfrutado. ¿Acaso es sensato que nos muramos de hambre porque hay otras personas que comen demasiado? ¿Hemos, acaso, de dejar de viajar porque a veces suceden accidentes? ¿O hemos de helarnos porque hay personas que se queman?

Con todo y con eso, sería más sabio hacer cualquiera de estas cosas que no dejarnos «guiar por el Espíritu», sencillamente porque algunas personas han abusado de este privilegio. Nuestro privilegio de ser divinamente guiados queda demostrado sin sombra de duda en cuatro maneras, que son las siguientes: por medio de las promesas inspiradas, por los ejemplos inspirados, por experiencias inspiradas y por aspiraciones inspiradas.

Promesas inspiradas. El testimonio de esta fuente es aplastante y suficiente como para que nos sintamos doblemente seguros incluso aunque no hubiese más que esta evidencia.

1. En el Salmo 32:8 está escrito: «Te haré entender, y te enseñaré el camino en que debes andar; sobre ti fijaré mi ojos.»

Aquí se representa el ojo de Dios como si vigilase el camino que siguen sus hijos, su voz como si les enseñase, y su dedo como si apuntase en el camino indicado.

2. «Por Jehová son ordenados los pasos del hombre, y él aprueba su camino» (Salmo 37:23). Este pasaje nos muestra la guía de Dios incluso «paso a paso». ¡Qué gran bendición es saber que Él nos dará a conocer lo que debemos de hacer, no solamente en las grandes cosas, sino en los pequeños «pasos» que en tantas ocasiones producen perplejidad. El hombre que no pide esta guía paso a paso no es tan «bueno» como debiera ser.

3. ¡Qué gran privilegio el tener un consejero terrenal, sabio! Pero el tal puede errar. Por ello tenemos siempre el consejo, en todo, de Jesús. Por ello, mirando a Dios, con plena certeza, todos nosotros, al igual que el salmista, podemos decir: «Tú me guiarás con tu consejo y después me llevarás a tu gloria.»

4. Cuando pasamos por un lugar selvático, denso y desconocido, es una gran ventaja tener direcciones claras para el viaje, pero cuánto mejor no resulta disponer de un guía fiel para que vaya delante de nosotros y no solamente nos diga cuál es el camino, sino que nos lo muestre.

Este mundo es un oscuro matorral. Millones han perdido el camino y han perecido en él. Gloria sea dada a Dios que Él nos ha dado un libro que nos sirve de guía y, lo que es mejor aún, la presencia de un guía que no puede errar el camino. Él dice: «Yo iré delante de ti, y enderezaré los lugares torcidos; quebrantaré puertas de bronce, y cerrojos de hierro haré pedazos.»

Por medio de sus providencias prepara los caminos por los cuales guía a sus hijos, y los mares rojos y las murallas de Jericó se esfuman gracias al aliento divino.

5. «Mas el Consolador, el Espíritu Santo, a quien el Padre enviará en mi nombre, Él os enseñará todas las cosas, y os recordará todo lo que yo os he dicho» (Juan 14:26). Es la misión del Espíritu Santo guiar divinamente. Sin embargo, no es algo que haga independientemente. El «todas las cosas» que promete enseñar y recordarnos son las palabras de Jesús: «Todo cuanto os he dicho.»

No expone principios desconocidos, sino que nos recuerda sencillamente y nos ayuda a comprender los que ya han sido revelados. Es igualmente cierto que ésta es la misión del Espíritu, como lo es que la del Hijo fue morir por nosotros.

6. «Pero cuando venga el Espíritu de verdad, él os guiará a toda la verdad; porque no hablará por su propia cuenta, sino que hablará todo lo que oyere, y os hará saber las cosas que habrán de venir. Él me glorificará; porque tomará de lo mío, y os lo hará saber» (Juan 16:13, 14).

Aquí se le representa como un guía. Él nos guiará a «toda la verdad». Jesús declara que «toda la verdad» es la verdad que ha sido revelada acerca de Él. Porque tomará de lo mío, y os lo hará saber». La verdad que proclama Jesús puede compararse a un templo lleno con todo lo que precisa el hombre espiritual para hacer frente a todas las exigencias de su ser para este tiempo y para la eternidad. Todas estas cosas son invisibles para el ojo natural. El Espíritu prepara el corazón, y a continuación guía al alma adelante, a lugares cada vez más elevados, pasando por los pasillos y los laberintos de ese templo, desvelando sus secretos, explicando sus misterios y sabiendo extraer sus bellezas hasta que nos quedamos extasiados ante su «maravilla, su amor y su alabanza».

7. «Y si alguno de vosotros tiene falta de sabiduría, pídala a Dios, el cual da a todos abundantemente y sin reproche, y le será dada» (Santiago 1:5).

Fijémonos en los siguientes puntos en esta preciosa promesa que a todos sirve de guía: «Si alguno de vosotros tiene falta» de la dirección de Dios: «pídala a Dios»; es algo que Él nos da sin escatimar: «da a todos abundantemente»; la direción garantizada: «y le será dada».

Éstas y otras promesas por el estilo hacen más firmes que las poderosas montañas los fundamentos sobre los cuales el hijo de Dios puede basar su seguridad de ser guiado. Son como un desafío para aquellos que desean apropiarse de la fe y a los que cumplen con las condiciones por las cuales se ofrecen. Son un regalo que no tiene precio en cuanto a «las grandes y maravillosas promesas, para que mediante ellas podáis ser partícipes de la divina naturaleza».

Las promesas de perdón cubren nuestra culpabilidad. Las promesas de pureza, nuestra polución. Las promesas de poder, toda nuestra debilidad. Todas estas promesas que nos muestran que hemos de ser divinamente guiados acaban con nuestra perplejidad en cuanto a la acción. No es de extrañar, por ello, que el poeta cantase.

La revelación de los privilegios y la riqueza de promesas que puede disfrutar el cristiano me hizo abrir la mente y darme cuenta de una visión de maravillosas posibilidades que hasta este momento habían permanecido ocultas.

Es un privilegio glorioso el confiar en estas promesas de la guía divina, del mismo modo que lo es el confiar en las promesas de la salvación. Gloria sea dada a Dios por la abundante provisión que ha hecho, no solamente en lo que se refiere a cubrir nuestros pecados, sino en cuanto a suplir todas nuestras necesidades.

Ejemplos inspirados. Enoc fue guiado divinamente, hasta el punto que se dijo acerca de él que «caminaba con Dios» y que seguía al pie de la letra sus consejos, sin que haya evidencia alguna de la más leve desviación.

Abraham no solamente recibió grandes bendiciones espirituales, sino que se apropió de una manera tan completa de la promesa de dirección de Dios que fue divinamente guiado en sus viajes, al escoger su residencia, en su conocimiento respecto al destino que esperaba a Sodoma y al acumular su inmensa fortuna.

Las historias de Jacob, de José, de Moisés y de una nación que fue guiada por una columna de nube de día, y por el fuego de noche, están repletas de ilustraciones de cómo el pueblo de Dios se ha apoyado en Él y han sido guiados, de una manera maravillosa, por Él.

Todos los errores que cometió su pueblo en su peregrinar y en la cautividad se debieron a que no estuvieron dispuestos a escuchar su voz, pero cuando le escucharon se reveló a ellos y les concedió la sabiduría que precisaban.

Las direcciones explícitas que les dio respecto a la construcción del tabernáculo no son otra cosa que ilustraciones de su habilidad y disposición a ofrecerles instrucciones exactas en todo momento, según surgiese la necesidad, por poco importantes que pareciesen, a todos los que «trabajan juntamente con Él».

Josué debió recibir instrucciones completas, de lo contrario no le hubiera sido posible completar su obra. Daniel, dirigido por Dios, se encontró con ayuda ante todas las emergencias, y el mundo se quedó maravillado ante su sabiduría.

No solamente fueron las lumbreras ilustres de la historia del Antiguo Testamento las que fueron guiadas por Dios, sino que hubo numerosas estrellas, de menor magnitud, cuyos rayos quedaron ocultos en la oscuridad de vidas más humildes, pero que, guiadas por la mano de Dios, se movieron y brillaron «como el sol cuando sale con todo su esplendor», y algún día nos enteraremos de ellos.

Tan firmes se mantuvieron en sus convicciones,

que sus acciones fueron dirigidas por el Invisible, y en lugar de violentar las instrucciones divinas, prefirieron ser «apedreados», «serrados» y «muertos a espada». Hay almas que están tan poseídas por la idea de que son guiadas en todas las cosas por el poder que encamina los soles y los sistemas planetarios del universo, que prefirieron morir antes que convertirse en traidores de tal esperanza.

El firmamento del Nuevo Testamento no brilla con menos estrellas, de órbitas fijadas divinamente, que el del Antiguo Testamento. Comienza con José, María, Simeón y los sabios del Oriente, que siempre brillarán con esplendor, como ejemplos de aquellos que ponen a prueba las promesas de Dios para que les guíe en todo. Los Evangelios poseen los destellos de Aquel cuya humanidad fue un ejemplo para nosotros, y que aprendió a hacer la voluntad del Padre en todo, diciendo y haciendo siempre las cosas que eran agradables a Él.

En los Hechos de los Apóstoles abundan estos incidentes que sirven de ejemplo para ilustrar este principio. Los apóstoles fueron llenos «del Espíritu» y «guiados por ese mismo Espíritu». No podrían haber sido guiados por Él de no haber aprendido primeramente a dejarse llevar por Él.

La promesa que les había dado Jesús según la cual les enseñaría cómo contestar a sus enemigos, y que el Espíritu del Padre hablaría por medio de ellos, tuvo un cumplimiento tan fructífero que todos sus adversarios «no pudieron resistir la sabiduría y el espíritu» por medio del cual hablaban.

La sabiduría divina que les había sido concedida era tal que fueron más listos que las intrigas eclesiásticas con las que se toparon y que el poder romano, y mientras que el grito «crucifícale» seguía retumbando con su eco en el monte del Calvario, ellos habían establecido un reino que florecerá cuando hayan quedado olvidadas tanto Jerusalén como Roma, incluso para siempre.

Experiencias inspiradas. Además de los ejemplos inspirados que aparecen en la Palabra, existen las experiencias de todos los hijos de Dios que «permanecen bajo la sombra del Omnipotente» y que atestiguan la misma verdad.

Entre las muchas ocasiones sorprendentes sobre la dirección que encontramos en la biografía de Madame Guyon, que brilló entre las tinieblas de la superstición papal como brilla el sol entre las nubes tormentosas, citamos las siguientes. Está relacionada con un complejo asunto de negocios que, sin ayuda, no podría haber resuelto. «El día en el cual tenía que celebrarse el juicio, después de haber estado orando, sentí un deseo tremendo de hablar con los jueces. En esos momentos recibí una ayuda maravillosa, hasta el punto de descubrir y desenmarañar todos los vericuetos y artificios del asunto, sin saber de qué modo me fue posible conseguirlo... Dios me permitió manifestar la verdad de una manera clara, y concedió tal poder a mis palabras que el intendente me dio las gracias por haber intervenido tan a tiempo para aclarar las cosas y corregirle al respecto. Me aseguró que de no haber hecho yo esto se hubiese perdido el caso.»

Dios concedió sabiduría a sus ilustres santos mediante la oración y la fe, y fue precisamente esta sabiduría la que la hizo ilustre. Siguió la voz divina al pie de la letra, pudiendo decir: «Me pareció como si mi alma se convirtiese en la nueva Jerusalén, acerca de la cual habla el Apocalipsis, preparada como una novia para recibir al esposo, y donde no hay dolor ni sufrimiento.

»Mi unión fue tal con la buena voluntad de Dios, que mi propia voluntad parecía totalmente perdida. Mi alma no podía inclinarse ni a un lado ni a otro, ya que otra voluntad había ocupado su lugar, pero solamente se alimentaba con la providencia diaria de Dios.»

Guiada de este modo por la Palabra y por el Espíritu y por la providencia divina, continuó aumentando el esplendor de su brillo hasta que pasó a su hogar celestial.

«El Dios viviente», dice George Müller, «es mi compañero. No poseo suficiente sabiduría como para afrontar estas dificultades, a fin de poder saber qué medidas adoptar, pero Él puede dirigirme. Por lo tanto, lo que tengo que hacer es lo siguiente: no tengo más que explicar mi caso con sencillez a mi Padre celestial y a mi Señor Jesús. Ellos son mis socios. Tengo que hablarle a Dios con toda sinceridad, y como yo no poseo sabiduría en mí mismo para enfrentarme con las muchas dificultades que continuamente surgen en mi negocio, le pedí que me guiase y dirigiese, y me concediese la sabiduría que precisaba. Entonces tengo que creer que Dios puede hacerlo, e ir con valor a mi negocio, y esperar ayuda de Él cada vez que surja una dificultad en mi camino. No me queda más remedio que buscar ayuda fuera de mí, esperando los consejos del Señor, y con la misma seguridad con que lo hago, los tendré, y me encontraré con que no soy nominal, sino realmente socio del Padre y del Hijo.»

Haciendo suya la dirección de Dios, Müller pudo «quitar montañas de en medio», que era lo que parecían sus dificultades, y por medio de él Dios ha obrado maravillas que inspirarán la fe y el celo de sus hijos mientras exista este mundo.

Frances Ridley Havergal, cuyos cantos y libros han encantado al mundo cristiano, hizo suyo este precioso pivilegio en todas las cosas. Mencionándolo como una aplicación en cuanto al uso del medio, dice: «Elevamos los ojos a Dios para que nos guíe a que utilicemos con sabiduría su dinero y con justicia, y para que nos muestre de qué manera desea que lo utilicemos. El regalo o la prenda es seleccionada bajo su mirada, y conscientes de que Él es nuestro amado Maestro, por cuya causa lo ofrecemos o para cuyo servicio la llevamos, usando su plata y su oro para pagar estas cosas, y entonces las cosas están bien.»

Hay un número ilimitado de testigos que se unen a ella con sus testimonios, además de los muchos que han ido antes que nosotros, que demuestran que Dios es verdadero, seguro, constante y un Consejero maravilloso, y que su dirección está al alcance de todos aquellos que estén dispuestos a cumplir las condiciones que establece.

Aspiraciones inspiradas. En el corazón de toda persona que se ha convertido de verdad hay una aspiración, que parece proceder de lo alto, y que le hace sentir deseos de dejarse guiar por Dios. Sin esta dirección existe un profundo sentimiento de incapacidad para resolver los problemas de la vida y enfrentarse con sus complejidades.

El resto de las necesidades humanas quedan suplidas y satisfechas en Jesús, y ésta no es una excepción. Hay perdón para la culpabilidad, para la polución hay pureza, para la debilidad fortaleza. Para el hambre espiritual se ha provisto el Pan de Vida, para las enfermedades espirituales está el Médico divino. Para la pobreza espiritual, la herencia eterna. Para la dirección espiritual, la sabiduría divina.

Dios crea en nosotros el deseo de recibir esta sabiduría precisamente porque hay amplia provisión, y el hecho mismo de que Él la inspire es señal de que existe. Dios no crea deseos en el hombre para burlarse por medio de unos deseos que han de quedar sin fruto, sino porque desea ardientemente suplirlos y es conforme a sus planes. Este motivo, juntamente con los anteriormente mencionados, muestra, de manera concluyente, nuestro privilegio en todas las cosas en las cuales podemos disponer de un consejero poderoso. Su ojo seguro nos guiará por el camino que debemos de seguir. Cuando Él ocupa el trono de nuestra vida, ni la pobreza ni la distancia pueden mantenernos alejados de sus consejos, ni pueden impedir que sepamos de qué modo hacer su voluntad.

A la luz del cuádruple testimonio que hemos ofrecido, no queda ni sombra de duda en cuanto al hecho de que Dios desea y puede guiar a todos los que quieran seguir sus instrucciones. ¡Qué glorioso privilegio! Las condiciones que hemos de cumplir son sencillas, claras e importantes y las veremos más adelante.

> *Me guía Él. ¡Con cuánto amor*
> *Me guía siempre mi Señor!*
> *Al ver mi esfuerzo en serle fiel,*
> *Con cuánto amor me guía Él.*
>
> *Me guía Él, me guía Él;*
> *Con cuánto amor me guía Él;*
> *No abrigo dudas ni temor,*
> *Pues me conduce el Buen Pastor.*
>
> *En el abismo del dolor*
> *O en donde brille el sol mejor;*
> *En dulce paz o en lucha cruel,*
> *Con gran bondad me guía Él.*
>
> *Tu mano quiero yo asir,*
> *Jesús, y a tu lado ir;*
> *Pues sólo a quien te sigue fiel*
> *Se oyó decir: me guía Él.*
>
> *Y en mi carrera al terminar,*
> *Y así mi triunfo realizar,*
> *No habrá ni dudas ni temor,*
> *Pues me guiará el Buen Pastor.*

*Mantén tu conciencia sensible
sin perder ninguna señal interior,
yendo donde la gracia te llame,
en esto consiste la perfección.*

FABER

CAPÍTULO 7

Sensaciones de lo alto: Cómo dejarse guiar por ellas

A fin de que nos encontremos en las mejores condiciones posibles para detectar las sensaciones de abajo y dejarnos guiar por las de lo alto, es necesario que cumplamos las siguientes condiciones:

Conversión. El corazón que no ha sido regenerado es una cavidad preparada para recibir sensaciones de abajo, y las recibe con la misma avidez que recibe la tierra seca el agua. No tiene afinidad para las de lo alto, sino que las repele en seguida. Todos sus cables telegráficos los manipula el enemigo, y es con gran dificultad que su Rey puede alcanzar ese corazón con su mensaje. De los tales se dice con verdad: «Porque el corazón de este pueblo se ha engrosado, y con los oídos oyen pesadamente, y han cerrado sus ojos, para que no vean con los ojos, y oigan con los oídos, y con el corazón entiendan, y se conviertan, y yo los sane» (Mateo 13:15). La conversión abre nuestros ojos espirituales y nuestros oídos, y nos permite discernir los espíritus y averiguar si realmente proceden de Dios.

La pureza. El pecado innato en el corazón del creyente es un tremendo impedimento a la hora de ser divinamente guiados. Viene a ser como el polvo en el ojo, que hace que duela y que lo ciega, y como el cerumen en las orejas, que nos impide oír debidamente.

Watson escribe diciendo que el más terrible enemigo del demonio aquí en la tierra es el creyente santificado: «Una vez que somos santificados, el demonio se acerca a nosotros y se dice: "¿Adónde ha ido a parar mi instrumento? Antes podía hacer que mis dedos recorriesen la mente de este hombre o mujer carnal y tocar mi canción en el alma de esta persona." Pero ahora no encuentra en tu alma ningún cable del cual tirar, pues acostumbraba a tirar de tu entendimiento, de tu razón y tu naturaleza carnal, pero eso ha desaparecido y no encuentra otra cosa que no sea Cristo.

»Cuando el demonio se da cuenta de que está perdiendo el tiempo contigo, se enfurece, se quita su disfraz y comienza a blasfemar. Entonces dirá: "Has pretendido ser santo, y tú sabes que no eres capaz de serlo." No puedes saber con cuánta claridad te hablará el demonio hasta que no hayas sido santificado de veras. Antes podía colarse por la puerta de atrás de tu alma y tirar de los cables, pero una vez que has sido santificado, al demonio no le queda más remedio que luchar desde el exterior. ¡Vendrá y te dirá en tus propias narices que no has sido santificado y que tú lo sabes! Te amenazará diciéndote que vas a fracasar, te hablará de manera intelectual y te meterá ideas en la mente.

»Antes de que seamos santificados, el método de que se vale Satanás es trabajar en las personas cristianas por medio de sus mentes carnales, pero sin dejar que se enteren que es él quien está obrando. Se acercará a los cristianos, a los pastores, a las buenas personas que se esfuerzan por servir a Dios y que van camino al cielo; pondrá por obra sus planes y propósitos valiéndose de la mente carnal de estas personas, y lo hará de tal manera que les haga creer que es su sabiduría la que les guía. El demonio vendrá a un cristiano que no ha sido santificado y que está convertido, y le meterá una idea determinada en su mente o en su corazón, diciéndole: "¿Verdad que eso es sabio, prudente y es la mar de indicado?" De este modo se valdrá de sus prudentes propósitos, de su razón y de sus temores carnales. Obrará valiéndose de su espíritu humano, cargado de temores, y al mismo tiempo, haciendo uso de su política y su sabiduría mundana, aprovechándose de su mente carnal.

»Pero fijaos bien, sin embargo, en que no posee a los hijos de Dios, a pesar de lo cual les molestará, se interpondrá en su camino y actuará como impedimento en sus vidas. Están haciendo cientos de cosas, sin darse cuenta de que son obra del demonio. El demonio se acerca a las personas cristianas y hace que representen una farsa en la iglesia. No se atrevería a que tuviesen su propio teatro, con todos los accesorios necesarios, pero sí se vale de su política mundana y de su mente, que también es mundana, de tal manera que cuando han preparado estas cosas los miembros de las iglesias no sean conscientes de que están realizando la obra del demonio. Dicen: "Esto lo hacemos para conseguir fondos para nuestra iglesia, y es algo loable." Creen estar haciendo el bien, pero lo que sucede, en realidad, es que están haciendo la obra del demonio y siguiendo sus sugerencias, sólo que el demonio se mantiene oculto, y todo ese tiempo se está riendo de ellos.»

Si hemos de encontrarnos en las mejores condiciones posibles para poder detectar las impresiones que están continuamente llegando a nosotros, teniendo nuestros corazones «purificados por la fe», debemos de ser limpios del pecado innato.

George Müller urge al cristiano a «mantener un corazón recto». Pero si tú vives en pecado, si haces a propósito y de manera habitual aquellas cosas que sabes que van en contra de la voluntad de Dios, no podrás esperar que Él te escuche. «Si contemplo la iniquidad en mi corazón, Dios no me oye» (Salmo 66:18).

Debemos de creer que Dios nos dará a conocer su dirección. «Y si alguno de vosotros tiene falta de sabiduría, pídala a Dios, el cual da a todos abundantemente y sin reproche, y le será dada. Pero pida con fe, no dudando nada; porque el que duda es semejante a la onda del mar, que es arrastrada por el viento y echada de una parte a otra. No piense, pues, quien tal haga, que recibirá cosa alguna del Señor» (Santiago 1:5-7).

El que desconfiemos de la habilidad y las promesas de Dios mediante las cuales nos dice que nos guiará, deja al alma como un barco en el mar sin timón, a merced de los vientos y las olas.

Debe de haber una entrega absoluta a Dios, pues escrito está: «Encomienda a Jehová tu camino, y confía en él y él hará» (Salmo 37:5). Cualquier reserva mental en lo que se refiere a la entrega nos impedirá discernir la voz de Dios.

Spurgeon dijo: «Hermanos, yo puedo ser testigo de Dios, de que cuando he sometido mi voluntad a la dirección de su Espíritu, he tenido siempre motivos para agradecerle sus sabios consejos. Pero cuando me he acercado a pedir de su mano, tras haber propuesto algo en mi mente, me he salido con la mía, pero me ha sucedido lo que le pasó a los israelitas, que al ser alimentados por las codornices, mientras aún la carne estaba en sus bocas, la ira de Dios cayó sobre ellos.»

La persona que usa los servicios de un abogado o de un médico pone su caso enteramente en sus manos y sigue las instrucciones que le dan. Jesús es el Gran Médico, y es el abogado del hombre perdido. Infinito en su sabiduría y amor, por lo cual el alma más tímida no debe temer el entregarse a Él sin reservas. Cualquier amilanamiento podrá costarle algo que vale más que los mundos. El alma ha de ser como el barco que navega bajo órdenes selladas, teniendo que seguirlas irrevocablemente una vez que las haya abierto, sean cuales fueren. Es a Dios al que le toca dirigir y a nosotros seguir su dirección. Nosotros habremos de rendir cuentas tan sólo por haberlas cumplido, dejando los resultados en sus manos. ¡Alabado sea su nombre!

A menos que nos propongamos de verdad seguir su dirección cuando nos la revela con claridad, al precio que fuese, no podremos conocer nunca su voluntad, pero entonces seremos presa de las sensaciones de abajo.

En cierta ocasión oí decir a un pastor que a veces oraba pidiendo que Dios le iluminase en ciertas cosas, pero que luego se levantaba deprisa y corriendo, temiendo que la respuesta fuese tal que no le agradase. Las personas que actúan de este modo se levantan de sus rodillas, después de haber orado, tan sólo para tropezar en las tinieblas. No solamente debemos «confiar nuestros caminos» a Dios, sino también el momento y la manera en que habrán de acontecer las cosas.

«Dios», dice un ministro eminente, «no solamente nos pide que le obedezcamos y le sirvamos, sino que lo hagamos en el momento y de la manera que Él desee que lo hagamos. A los ojos de Dios la desobediencia voluntaria en cuanto a la manera de hacer algo es lo mismo que la desobediencia en la cosa misma.»

La persona que consiente obedecer a Dios, pero que al mismo tiempo pretende dictar el momento en que debe de hacerlo, es tan insensata como el herrero que martillease el hierro antes de que éste hubiese sido calentado o una vez que se ha enfriado por completo, en lugar de hacerlo cuando está caliente y flexible. De haber sido Josué el que hubiese pretendido decidir el momento y la manera en que debían tomar Jericó, no cabe duda de que Israel hubiese sido derrotado y su mismo nombre habría caído en el olvido. Precisamente por su transgresión en cuanto a su manera de obedecer Moisés no pudo entrar en la tierra prometida.

Dios le dijo a David: «Cuando oigas el sonido de lo alto de las moreras, entonces avanzarás, porque el Señor irá delante de ti, y herirás... a los filisteos.»

Hay un significado muy poderoso en la palabra «entonces» en el párrafo anterior. «Entonces avanzarás, porque el Señor irá delante de ti.»

Los que siempre dicen «ahora» cuando Dios está diciendo «mañana» y dicen «mañana» cuando Dios está diciendo «ahora» se sentirán confusos.

Reconocimiento. Otra de las condiciones que ha sido decretada por Dios para que obtengamos su dirección es el reconocimiento. «Reconócelo en todos tus caminos, y él enderezará todas tus veredas» (Proverbios. 3:6).

De la misma manera que la justificación depende de que reconozcamos que Jesús es nuestro Salvador personal, y la plena santificación es que reconozcamos que el Espíritu Santo es nuestro santificador personal, la dirección de Dios depende de que sepamos reconocer al Espíritu como nuestro guía personal. Pero el que ese reconocimiento sea algo teórico tampoco nos sirve para este propósito.

«En todos tus caminos» quiere decir que hemos de pedir su consejo en todas las cosas, incluso aquellas que pueden parecernos insignificantes. Las Escrituras nos hacen comprender con toda claridad que todo lo que sea de la importancia de uno solo de los cabellos de nuestra cabeza le interesa a Dios.

El negar un reconocimiento sincero viene a ser como si un paciente rechazase el consejo de su médico sobre asuntos secundarios respecto a su enfermedad y se negase a dejar en manos de su médico su caso. Dios no honrará a aquellos que se aprovechan de su consejo por sus ventajas, pero que se avergüenzan de admitir que la dirección vino de lo alto. Cuando se dice «en todos tus caminos», estamos hablando muy en serio, pues se refiere a todo lo relacionado con el hogar, la iglesia, nuestra vida privada y pública, es decir, absolutamente todo lo que se refiere a nuestra existencia. Ojalá que todos nosotros cumplamos con esta condición y podamos, de ese modo, probar las bendiciones de la promesa, y si tenemos necesidad de sabiduría para encontrar «la llave perdida» o para preparar un sermón de avivamiento, no cabe duda alguna de que Él nos lo concederá.

La bondad. «Por Jehová son ordenados los pasos del hombre, y él aprueba su camino» (Salmo 37:23). Los malos siguen sus propios consejos y, por ello, tienen que sufrir las consecuencias, pero el hombre «bueno» cumple todas las condiciones que le permiten distinguir entre las impresiones y las voces de lo alto, y por ende sus propios «pasos», así como la senda que sigue su vida, y que son ordenados por Dios mismo. No se debe dar ningún paso que no haya sido ordenado por Él. A la luz de esta notable y bendita promesa no hay necesidad de que lo hagamos, pues éste es uno de los favores especiales que Dios otorga a los que son «buenos».

Paciencia. «Guarda silencio ante Jehová y espera en él» (Salmo 37:7). Jesús no parecía tener nunca prisa, pero, con todo, ¡cuán ocupado estuvo! Aquellos que pisoteen la gran verdad de las Escrituras: «el que cree no se apresurará», y tienen demasiada prisa como para estudiar el asunto a fondo, cerrando sus ojos a toda razón y a las providencias de Dios, es que están demasiado poseídos por las influencias provocadas por su propia voluntad o por la de Satanás, para dejarse llevar por las influencias divinas. A fin de que podamos dejarnos llevar por Dios, dice Upham, «renuncia a ti mismo y a los elementos turbulentos y engañosos, dejando de poner los intereses personales por encima de todo, y pongamos nuestros planes, propósitos y metas bajo una completa sumisión. Por ejemplo, cuando le pedimos a Dios que nos guíe, no debemos, al mismo tiempo, albergar en nuestro corazón una determinación y esperanza secretas que en el fondo signifiquen que deseamos seguir nuestras propias inclinaciones... El que exista una exagerada ansiedad espiritual es evidencia de que, en cierto modo, nos da miedo confiar en Dios y que estamos aún demasiado ensimismados por la vida natural».

Todos los que puedan decir con el salmista: «Pacientemente esperé a Jehová», podrán pronto añadir con él: «y se inclinó a mí y oyó mi clamor».

La persona que intenta poner a prueba las impresiones de manera nerviosa y precipitada, será tan insensata como la persona que contestase al teléfono de la misma manera. En ambos casos el resultado sería la confusión en lugar de la satisfacción.

La humildad. El hombre orgulloso y voluntarioso prefiere hacer caso omiso de la voz de Dios, porque las voces que proceden de abajo ahogan cualquier otra voz. No será a los soberbios, sino «a los mansos guiará en juicio y a los humildes enseñará sus caminos». La dirección de Dios permanece oculta para los sabios, los prudentes y los que se bastan a sí mismos, pero ha sido «revelada a los niños», a los que se dejan enseñar, a los que son humildes y desean ser como Cristo.

Dependiendo de Dios. Resulta fatal para la dirección divina que confiemos en nosotros mismos, en las amistades o en los libros de una manera exagerada. «Fíate de Jehová de todo tu corazón, y no te apoyes en tu propia prudencia» (Proverbios 3:5).

El conocimiento humano es finito y puede equivocarse, pero el de Dios es infinito y Dios no se equivoca jamás. Por lo tanto, el que desea ser dirigido por Dios debe entregarse «de todo corazón», buscando en Él el conocimiento de su perfecta voluntad.

La dirección de Dios es algo que debemos reclamar. Jesús dice acerca de ello, como de todos sus dones, que no tienen precio: «Pedís, y no recibís, porque pedís mal.»

Estad preparados para recibir sorpresas. Es muy posible que Dios no decida como tú esperes que lo haga.

«Debemos de recordar», escribe Hannah W. Smith, «que nuestro Dios posee todo conocimiento y sabiduría, y que, por lo tanto, es muy posible que te guíe por aquellos caminos que Él sabe que te reservan grandes bendiciones, pero que tú, que como humano eres corto de vista, no ves lo que va a suceder y para los que te rodean pueden resultar en confusión y pérdida. Es preciso que reconozcas que los pensamientos de Dios no son los pensamientos del hombre, y que los caminos de Dios en nada se parecen a los de los hombres, y el que conoce el fin de las cosas desde el principio, es el único que puede juzgar cuáles habrán de ser los resultados de cualquier decisión que se tome.»

Cuando Saulo de Tarso clamó: «Señor, ¿qué quieres que haga?», la respuesta fue, sin duda, tan sorprendente para él como si hubiese sido un relámpago en medio de un cielo despejado, pero estaba preparado para la sorpresa y la aceptó con gozo.

Cuando yo le pedí a Dios que me revelase su voluntad respecto al trabajo que yo debía hacer, no tenía ni idea de las muchas cosas que desde entonces me han sido reveladas, así como el ateo ignora de lo que significan la santidad y el cielo.

Hemos de morir. Hemos de morir al pecado, a nosotros mismos y al mundo.

Tan muerto que no brote deseo alguno
que parezca bueno, grande o sabio
en nadie más que ante los ojos de mi Salvador.

Debemos de estar tan muertos a todas las voces que son pecaminosas y dudosas, que su influencia sobre nosotros, y lo que hagamos, no tenga mayor influencia que si fuese un silencio. En el silencio de nuestro yo se oyen con claridad las voces procedentes de lo alto. Por lo tanto, «de igual modo, consideraos muertos al pecado, pero vivos en Dios, por medio de Jesucristo, nuestro Señor».

Para tales personas, las voces de abajo las reciben de igual modo que recibiría un cadáver una caricia.

Sed llenos del Espíritu. Ésta es la preparación más importante, pues incluye todo lo demás. Nos permite captar y comprender los ardides de Satanás que no pueden entenderse de ninguna otra manera. Da a los oídos un claro discernimiento que detectará la más leve desviación de cualquier impresión de esa armonía, que tiene cuatro facetas.

«Para aquel que ha crucificado su ego», dice Watson, «tiene el Espíritu Santo reservados un conocimiento y una guía que resultan incomprensibles para el creyente imperfecto. Puede discernir en la providencia del Padre un especial significado y algo tan detallado que los demás no pueden alcanzar a comprender. Puede detectar claras indicaciones sobre la voluntad de Dios, en la Palabra escrita, ante las cuales otros quedarán confusos, y además de esto puede captar esa voz interior del Espíritu, puede conocer el tacto del dedo divino en sus circunstancias que le lleva hacia la órbita que ha sido creada por Dios.»

Poseído totalmente del Espíritu, el alma se convierte en un imán que atrae hacia sí todas las buenas impresiones, pero deja atrás la escoria. Es, por tanto, una calificación que indica que somos guiados por Dios, de tal importancia, que Jesús no permitió que ningún predicador, después del comienzo de la dispensación del Espíritu Santo, saliese sin ella, y la iglesia en su pureza, recién salida de la mente de Dios, escogió solamente a aquellos que habían sido llenos de este modo para supervisar sus intereses temporales (véase Hechos 6:3).

La persona que cumple con las condiciones que hemos mencionado estará bien preparada para discernir la naturaleza de todas las impresiones. Aunque, al igual que Job, tenga que pasar por duras pruebas, Dios no permitirá que «camine en tinieblas».

Por encima del barullo de todas las voces que no son divinas, podrá escuchar la voz apacible que le dice: «Éste es el camino, sigue por él.» Aunque se le aparezca Satanás «como ángel de luz», su presencia palidecerá ante el resplandor del sol celestial en su interior, y sus heladas olas de falsa luz se perderán entre los destellos de un sol que jamás se pone. ¡Aleluya!

*Si sabéis estas cosas,
bienaventurados seréis si
las hiciereis.*

Juan 13:17

CAPÍTULO 8

Aplicaciones prácticas

Apliquemos los principios anteriores a unos cuantos asuntos prácticos, como los que surgen constantemente para que tengamos que decidir sobre ellos.

Un llamamiento al ministerio. Un joven siente que es objeto de una profunda impresión de que debe dedicar su vida al ministerio. Es un creyente sincero y está ansioso por no cometer equivocaciones. Sabe que una impresión semejante puede proceder de Satanás, de sus amigos, que puede ser el resultado de su imaginación, pero por otro lado no quiere dejarse engañar ni resistirse a Dios.

Lo entrega todo a Dios, pide la promesa de la sabiduría de lo alto, y a continuación se dedica a averiguar si la impresión lleva el sello divino: BCPR.

1. B. ¿Es bíblico? Es evidente que un llamamiento al ministerio debe de ser conforme a la Palabra, de modo que no debe perder mucho tiempo ante este punto.

2. C. ¿Es correcto que responda a este llamamiento? Si se encuentra con que al hacerlo sus circunstancias son tales que le obligarán a perjudicar a su familia, a sus acreedores o a otros, esto aclarará el

asunto en el sentido de que el llamamiento no procede de Dios o no ha llegado el momento indicado para ponerlo en práctica. Si, por otro lado, todo es correcto, está preparado para continuar y enfrentarse con el próximo paso.

3. P. Si la impresión procede de Dios, el camino habrá quedado abierto para que comience la obra o se prepare para ella.

Cuando Dios llama a una persona a predicar, notifica a la iglesia el hecho, y ésta, si está despierta, le abre la puerta. A veces, sin embargo, la iglesia está adormecida y, por ello, no ha oído el llamamiento de su Cabeza.

Conozco a un joven que fue llamado por Dios a predicar, y la Palabra que recibió fue «como un fuego consumidor». Sus dones no eran tan aparentes, al menos exteriormente, como sucede con otros, y el pastor y la junta oficial, después de considerar el caso, le negaron una licencia para estudiar. Pero este joven mantuvo una buena comunión con Dios y estuvo esperando las indicaciones de la Providencia. De repente se abrieron las puertas y le llegaron invitaciones para ayudar en un avivamiento. Él lo hizo y se vio coronado de grandes éxitos en su labor, porque se conviertieron cientos de personas. El pastor y los miembros de la junta oficial se dieron cuenta del error que habían cometido, y, sin que se lo pidiesen, consideraron el caso de nuevo, le enviaron una licencia como predicador local y se convirtió en uno de los pastores que más éxito tuvo ganando almas durante la Conferencia de Michigan.

Si el llamamiento viene de Dios, siempre se abre el camino, porque se ha escrito acerca de los tales: «He aquí, he abierto una puerta delante de ti que nadie podrá cerrar.»

4. R. A continuación viene la aplicación de la prueba final: ¿Es razonable? La persona que no ha sido iluminada por el Espíritu Santo y que se ha acos-

tumbrado a pensar que el éxito depende de la acumulación de dinero diría que no.

Pero el hijo de Dios, que ha sido ungido y tiene una visión divina, verá las cosas de una manera diferente. Si no tiene voz ni otros dones para la obra, ya sean ocultos o manifiestos, eso aclarará el asunto, pero si los tiene y se han pasado todas las pruebas anteriormente mencionadas, entonces esto es algo que no tardará en quedar resuelto. Dado el hecho de que existen más de 800 millones de almas que no han oído nunca el Evangelio, y que por ello existe una demanda de personas sabias, consagradas y bautizadas por el Espíritu para llevar a cabo el ministerio, y la demanda sigue siendo mayor que las personas que atienden a estas necesidades, puesto que todos los años hay un sinfín de almas que pasan a la Eternidad sin que se haga esfuerzo alguno por salvarlas, el sentido común responde: «Sí, es razonable». Y estas cuatro voces, por medio de las cuales Dios habla a las mentes de los hombres, se unen al llamamiento del Espíritu, y el convencimiento de que debe predicar se hace tan poderoso que, al igual que Pablo, siente: «Pobre de mí si no predicase el Evangelio.» Si pedimos «la plenitud del Espíritu», entonces el ministerio no tardará en convertirse en el deleite de nuestra vida.

Recuerdo muy bien mi propia experiencia al llegar a este punto. Siempre había sentido que si me convertía sería llamado a predicar. Poco después de mi conversión, las palabras «id por todo el mundo y predicad el Evangelio» se aplicaron a mí de una manera maravillosa. Sentí que Dios me estaba llamando, y me veía a mí mismo como un ser completamente diferente, sin acertar a comprender de qué modo podía triunfar, pero no me atrevía a decirlo a nadie, aunque al mismo tiempo hice todo lo que pude para prepararme. Estaba seguro de que era bíblico y correcto, pero no se me abrió el camino en cuatro años para que predicase. Comencé mis estudios a fin de prepararme para los exámenes de la conferencia, y estaba seguro en mi corazón de que Dios manifestaría el don que había en mi interior de alguna manera, y que a su tiempo se abriría el camino.

Al principio se abrió cuando me hicieron responsable de la Escuela Dominical de una iglesia rural, y a continuación cuando me llamaron a predicar en un vecindario que había sido muy descuidado, donde se produjo de inmediato un avivamiento. Cuando llegó el momento de la conferencia fui debidamente recomendado y me fue dada una obra, y Dios ha permitido que desde entonces siga ardiendo la llama. ¡A Él sea la gloria para siempre!

Para una mujer que ha recibido el llamamiento a la predicación, la manera de llevar a cabo el trabajo puede resultar un tanto más espinosa que para un hombre, porque la iglesia seguramente no reconocerá oficialmente su llamamiento, ni le facilitará su preparación para llevarlo a cabo, como en el caso de un varón. Sin embargo, Dios, si es que se lo permitimos, abrirá un camino, pasando a través de cualquier vallado, y conducirá a sus hijos fieles a la obra a la cual Él les ha llamado, y una vez que se haya pasado esta prueba con sus cuatro apartados, estará tan seguro de que su llamamiento procede de Dios como lo está de su propia existencia.

Yo conozco a una predicadora que tiene mucho éxito, esposa de un ministro metodista, que cuando recibió el llamamiento a la predicación se encontró con la firme oposición de su padre. Se habían hallado positivas todas las pruebas del llamamiento, pero la oposición del padre iba en aumento. Ella era ya mayor, pero le disgustaba contrariar a su padre; finalmente le pidieron que participara en una obra de avivamiento, y ella sintió que debía de obedecer a Dios antes de someterse a la voluntad de su padre. Y decidió aceptarlo.

«Dile a tu hermano... que vas sin el consentimiento de tu padre», fue la advertencia de boca de su padre al marcharse de su casa para ir al campo que estaba listo para ser cosechado. Apenas había llegado a su destino, sin embargo, cuando recibió una carta del padre en la cual le concedió su pleno y libre consentimiento.

Dios puso a prueba su obediencia y su fe, y a continuación hizo que se desvaneciese la oposición y bendijo su ministerio mediante la salvación de muchas almas. En el momento y de la manera que considere oportuno Dios echará abajo la montaña que se interpone en el camino de todos los que le siguen.

El llamamiento a la obra misionera puede ser sometido a prueba de la misma manera que el llamamiento al ministerio.

El matrimonio. Lo útiles y felices que podamos ser en la vida podrá depender de solucionar debidamente esta cuestión. ¿Cómo pueden las personas estar seguras de que su unión es de Dios? ¿Debe el capricho, el enamoramiento, los sentimientos decidir el asunto, o debe, por el contrario, ser sometido a la razón, al derecho de Dios? Sometámoslo a prueba. Dos personas se sienten atraídas una a la otra y creen que tal vez debieran unirse en matrimonio.

1. B. Comienzan por preguntar: «¿Sería bíblica nuestra unión?» Los principios generales de la Palabra de Dios dan a entendeer que el matrimonio es recomendable y que fue Dios el que lo instituyó. Él dijo: «No es bueno que el hombre esté solo»; y además añadió: «honroso es el matrimonio en todos».

Aplican los principios de las Escrituras en sus casos particulares. Si uno de ellos resulta ser una persona inconversa, el mandato explícito de las Escrituras es: «No os unáis en yugo desigual con los infieles», y hace que resulten innecesarias el resto de las pruebas. Muchos pasan por alto este mandato, para tener que arrepentirse de haberlo hecho cuando era demasiado tarde.

Puede que los dos sean creyentes, pero que uno de los dos esté divorciado de un matrimonio anterior, por otra causa que no sea la que especifica la Biblia como justificante del divorcio, y que, por ello, sea tal unión un matrimonio adúltero.

Un miembro de una iglesia en la cual fui pastor me pidió que celebrase su matrimonio. Era un noble cristiano. Le hice unas cuantas preguntas y no tardé en enterarme que el marido de su futura esposa estaba con vida, y si bien estaba divorciada por la ley del país, él no estaba muy seguro de que el pecado por parte del anterior marido la dejase libre ante la ley establecida por Cristo. Le leí lo que decía en Mateo 5:32 y pasajes por el estilo, y le expliqué que debido a lo que declaran estas verdades bíblicas yo no me sentía libre para unirles en matrimonio.

«Entonces», dijo él, «yo no soy libre de que se lleve a cabo». Continuó diciendo: «Ella es la única mujer que yo he amado jamás, pero debería de haber pensado en esto antes. Temo tener que darle la noticia, pero debo ser fiel a Cristo.» El pobre hombre estaba profundamente entristecido, pero a pesar de ello permaneció fiel a sus convicciones.

2. C. Una vez que se ha verificado la autorización de las Escrituras, viene la prueba. ¿Es correcto?, ¿perjudicará a alguien?, ¿existe alguna incapacidad física o de otra índole?

Al llegar a este punto el cristiano debe recordar que está escrito: «Todo cuanto hagáis, de palabra o hecho, hacedlo en el nombre del Señor Jesús», y, además, que «todo cuanto hagáis, hacedlo para la gloria de Dios».

Si se da cuenta de que lo que le motiva a hacerlo es una causa secundaria, como puede ser la propia gratificación, o mejorar su posición en la sociedad, o e obtener riquezas, o sencillamente conseguir un ama de casa, y que el propósito principal no es la gloria de

Dios en el asunto, debiera de esperar hasta saber cuál es su motivación.

3. P. A continuación, ¿está el camino abierto? Al llegar a este punto, en ocasiones las barreras erigidas por la Providencia resuelven el asunto y cualquier otro interrogante que pueda surgir al respecto. Si unas circunstancias incontrolables hacen la unión imposible, eso demuestra que no lleva el sello divino o que es necesario postergarla.

4. R. Finalmente, ¿es razonable? Los gustos podrán ser tan diferentes, la educación recibida tan diversa, las ambiciones tan opuestas y los temperamentos tan variables que estos hechos por sí solos demuestran que las dos personas no han sido destinadas por Dios a ser la una para la otra.

Pero cuando se han pasado todas estas pruebas y existe la convicción, por parte de ambas, de que es Dios quien dispuso su unión, y esta convicción se va haciendo cada vez más profunda con el paso del tiempo, no habrá duda alguna de que es divina.

La aplicación cuidadosa de estos principios evitaría muchos matrimonios insensatos realizados antes de tiempo, y que son contrarios a las Escrituras, secando así la fuente que alimenta tantos divorcios.

Llevaría a la clase de uniones en las cuales Dios se complace y a familias cuyos días serían como «días celestiales aquí en la tierra».

El bautismo del Espíritu Santo. Todo creyente siente poco después de su conversión un profundo anhelo, en el fondo de su corazón, de recibir la bendición del bautismo del Espíritu Santo, que quitará totalmente la tendencia a mucho innato y nos dará la absoluta victoria sobre el temor, la impaciencia, el orgullo y toda sublevación que siente de vez en cuando el corazón que no ha aceptado al Espíritu Santo como su completo santificador. Puede que este anhelo no sea expresado de manera absoluta, pero sigue existiendo una verdadera ansia en el corazón que demanda satisfacción.

No tarda en aparecer en esta alma una poderosa impresión de que la victoria absoluta la provee la justificación, que Dios requiere una santidad absoluta, y que debemos buscarla y recibirla de una manera tan absoluta como la conversión. Al repasar estas cuatro pruebas nos encontramos con que:

1. B. El sentimiento es bíblico. Dios ha mandado: «Sed santos.» La Palabra declara, además: «Ésta es la voluntad de Dios, que seáis santificados»; y «porque no nos ha llamado Dios a inmundicia, sino a la santidad.»

También nos promete que seremos limpios de «toda impureza de la carne y del Espíritu», y que «habiendo sido libertados de las manos de nuestros enemigos, le servimos sin temor, en santidad y justicia ante él, todos los días de nuestra vida».

Jesús prometió además que enviaría a su Santo Espíritu, y mandó a sus discípulos que permaneciesen en Jerusalén hasta que le recibieran. Los apóstoles y los miembros de la iglesia primitiva recibieron este don, y la Palabra declara que es para todos los creyentes.

Esta experiencia la disfrutaron Jesús, los profetas y los apóstoles, y bajo su influencia sus vidas brillaron con un fuego santo.

Los mandatos, los preceptos, las promesas, la experiencia y la profecía de las Escrituras, juntas, muestran que todos los creyentes pueden pedir, por fe, este precioso legado, y ser tan conscientes de que el Espíritu Santo nos santifica de manera absoluta como de que Jesús nos ofrece su absoluto perdón. ¡Gloria sea a Dios por esta plena seguridad!

2. C. No cabe duda alguna respecto a la justicia de semejante experiencia. Si es correcto que obedezcamos a Dios, que seamos puros y que llevemos una vida santa, esto también es correcto.

3. P. A continuación, ¿es posible conseguirlo? Si

las condiciones para que lo consigamos son tales que no podemos cumplir con ellas, todas ellas quedarán providencialmente excluidas de este privilegio. Por otro lado, son sencillas, claras y practicables. Una absoluta consagración que entrega toda posesión y poder a Dios para siempre, y una fe presente en las promesas que ofrecen el don del Espíritu Santo, son las únicas condiciones que habrán de cumplir los que deseen hacerlo, de modo que esta voz se una con las dos anteriores en proclamar el impulso, a fin de ser llenos del Espíritu de Dios.

4. R. Que esta experiencia es «un servicio razonable» se ve por los hechos siguientes: Dios lo manda y lo promete; los santos más sabios y que mayor éxito han alcanzado la han hecho suya y la han proclamado; satisface los anhelos del alma; nos libera de contratiempos y nos da un nuevo poder para poder trabajar para Dios y resistirnos al demonio; convence al mundo como no lo hará ninguna otra cosa, de la divinidad de nuestra religión; Dios nos lo ha dado a los que hemos cumplido las condiciones, y «él no hace acepción de personas»; es la única cosa que nos permitirá ser perfectamente santos; sin ella es imposible que seamos libres de nuestra carnalidad y con ella podemos crecer en la gracia. Sin ella nuestro gozo no será completo, y asimismo echa fuera todo temor y le complace a Dios, además de que la persona que lo posee es más semejante a Jesús.

Por éstos y otros muchos motivos se ve, por encima de toda duda, que esta dirección lleva consigo el más claro escrutinio de la razón, que se une a un testimonio abrumador y convincente con el de los otros tres jueces que declaran la divinidad de este impulso, un impulso que para multitudes de personas se ha convertido en una convicción tal como para llevarlas al amor perfecto e ilimitado de Jesús.

Asociarse. Hay tantísimas sociedades y movimientos que nos quieren convencer con sus ideas, que con frecuencia surge el interrogante de si debemos de unirnos a ellas. Esta acción es otra que debemos someter también a prueba:

1. B. Si la sociedad posee solamente unas metas terrenales, está controlada por personas mundanas y se mantiene gracias a recursos mundanos, entonces las Escrituras nos mandan: «Salid de entre ellos y manteneos aparte», y «No os conforméis a este siglo»; éstos son versículos que nos ayudarán a aclarar el asunto sin necesitar más investigación.

2. C. ¿Sería correcto que nos afiliásemos a tales movimientos o sociedades? ¿Sería el dinero y el tiempo que dedicásemos a ello para la gloria de Dios? ¿Nos llevaría a decir o a hacer algo que Jesús no podría aprobar?

3. P. ¿Está abierto el camino para que pasemos el tiempo sin que por ello nos impida cumplir con otras obligaciones sagradas? ¿No existe ninguna otra barrera erigida por la Providencia?

4. R. ¿Es razonable que nos unamos a tal grupo? ¿Se empeñará o se iluminará nuestra espiritualidad? ¿Es la mejor inversión que podemos hacer, desde el punto de vista económico y de empleo del tiempo?

¿Será tal mi ejemplo, al unirme a él, que pueda alegrarme de que otros jóvenes convertidos y otras personas lo sigan? ¿Tengo motivos para pensar que Jesús haría lo mismo si estuviese en mi lugar? Si hay alguna duda respecto a si la respuesta a alguna de estas preguntas es positiva o no, será necesario que nos detengamos y que nos neguemos a tomar ninguna acción concreta hasta que no se hayan despejado las dudas. Cualquiera que haga oídos sordos a estos cuatro consejos lo hará bajo su propio riesgo, y más tarde o más temprano se dará cuenta de que lo que ha obtenido han sido espinas en lugar de rosas.

El tabaco. Apliquemos estos principios al uso del

tabaco, un hábito que cuenta con millones de esclavos, y nos encontramos con que la obligación en este sentido está claramente indicada.

1. B. Las Escrituras nos mandan: «Sed limpios, los que sois vasijas del Señor», y «todo cuanto hagáis, hacedlo para la gloria de Dios.» Como quiera que el uso del tabaco es una clara violación de estos principios, no podrá llevar nunca el sello de la Escritura divina.

2. C. La razón nos da a entender claramente que su uso está mal porque poluciona el aliento, estropea la salud, produce enfermedades, da un mal ejemplo, es tirar el dinero y es una transgresión tanto de los principios como de los preceptos bíblicos.

3. P. La Providencia nos muestra muchas maneras mejores para aprovechar el dinero que se desperdicia en tabaco.

4. R. La razón clama «amén» en lo que se refiere a las decisiones adoptadas por las otras tres voces, y enfatiza que es una locura mascar, aspirar y gastar dinero en algo que no glorifica en modo alguno a Dios.

En su excelente libro acerca de los ministerios del Espíritu Santo, Clark dice que, en muchos casos, la voluntad de Dios ya ha sido revelada:

«Siempre que la voluntad de Dios ha sido claramente revelada en la Biblia, es nuestra obligación, en relación con un tema determinado, hacer lo que dice en las Escrituras, sin tener que esperar una revelación interior además de la que ya nos ha sido ofrecida.

»Si Jesús dice: "No matarás, no robarás, no levantarás falso testimonio, no engañarás, honrarás a tu padre y a tu madre", no precisamos de ninguna otra revelación para saber cuál es nuestra obligación al respecto.

»Y las Escrituras hablan de manera más detallada de lo que pudiésemos imaginarnos, después que nos hayamos familiarizado totalmente con ellas. Si una mujer cristiana desea saber de qué modo debe vestirse para complacer a Dios, se encontrará con que las mujeres deben "ataviarse con modestia"; y gracias a la providencia de Dios y a la ayuda del Espíritu Santo, la persona que inquiere con sinceridad no quedará en la duda.

»Si deseamos saber de qué manera debemos hablar, a fin de que nuestra conversación sea aceptable a Dios, leemos: 1) que no debemos permitir que ninguna palabra torpe salga de nuestra boca, ni debemos decir insensateces, y 2) que nuestra manera de hablar debe ser buena "para edificación".

»Si tenemos alguna duda respecto a cómo debemos tratar a nuestros enemigos y a los que nos han hecho daño, se nos dice de manera explícita: "Amad a vuestros enemigos", "Orad por los que os tratan con desprecio" y "No os venguéis". Y si se invaden nuestros derechos civiles o personales, se nos dice: "¿Por qué no soportáis, más bien, el mal que ir ante la ley?"; y se nos dice que la caridad, que es el perfecto amor, "no busca lo suyo". Y la obligación universal de los cristianos al orar es: "Perdonad, si tenéis algo contra alguno".

»Si deseamos comprender cuál es nuestra obligación ante los magistrados y las leyes, se nos dice que debemos obedecerlas y honrarlas en todo, siempre que no contradigan nuestra obligación hacia el Rey de reyes, que oremos por los que nos gobiernan y que les rindamos tributo.

»Si no estamos muy seguros de hasta qué punto podemos participar en los placeres y costumbres del mundo, se nos dice que no nos conformemos a este mundo, y se nos asegura que: "Si alguno ama al mundo, el amor al Padre no está en él." Por ello, debemos buscar primeramente nuestro conocimiento en la Palabra escrita como cristianos, en cuanto a nuestras obligaciones, así como en lo que se refiere al conocimiento sobre la salvación.»

Al aplicar estas pruebas, debemos sentirnos agradecidos por cualquier iluminación que recibamos, estudiando las Escrituras con diligencia, leyendo buenos libros, escuchando sabios consejos, pero, sobre todo, dejándonos guiar por la presencia del Espíritu Santo y apropiándonos de él.

Debemos, además, cumplir todas las condiciones que hemos mencionado en el capítulo anterior. Convertidos, limpios, llenos, reconociendo la dirección de Dios, orando sin cesar y creyendo, esperando pacientemente y con gozo, valiéndonos de los medios a nuestro alcance, nos será dada libremente, de gracia.

Solamente hemos echado un vistazo a algunas de las preguntas que surgen todos los días en nuestra vida, pero a todas se aplica el mismo proceso, sometiéndolas a prueba. El maravilloso privilegio de todo cristiano es estar tan absolutamente convencido de la veracidad y divinidad de sus convicciones, que pueda exclamar juntamente con Isaías: «Porque Jehová el Señor me ayudará, por tanto no me avergoncé; por eso puse mi rostro como un pedernal, y sé que no seré avergonzado.»

*Nunca se apartará de tu boca
este libro de la ley, sino que
de día y de noche meditarás en él,
para que guardes y hagas conforme
a todo lo que en él está escrito;
porque entonces harás prosperar tu
camino, y todo te saldrá bien.*

JOSUÉ 1:8

CAPÍTULO 9

Convicciones de lo alto: Los resultados de dejarse guiar por ellas

Las impresiones que proceden de Dios maduran hasta convertirse en convicciones y son las convicciones lo que el capullo al fruto. No debemos seguir ninguna impresión hasta que haya madurado; de este modo, y cuando así suceda, debemos obedecerla, y Dios siempre bendecirá esta obediencia con abundante fruto. Los resultados son tan dulces y satisfacen de tal modo el alma, que sencillamente un repaso de ellas nos servirá de inspiración.

Los siguientes son algunos de los muchos frutos que abundan para los que son guiados de este modo:

Serenidad. Una serenidad santa se adueña del alma que es consciente del hecho de que Dios la está guiando. Puede que sea guiada por un camino contrario a sus inclinaciones naturales, y, al igual que a Pablo, en contra de las protestas de sus conciudadanos y mejores amigos; pero, en medio de tanta oposición, puede quedar su espíritu tan pacífico como el mar de Galilea bajo el mandato silenciador del Maestro.

Confianza. La justicia siempre inspira confianza. La promesa de que «el Señor será tu confianza, y evitará que caiga tu pie», encuentra en ella un cumplimiento fructífero. Cuando su confianza la depositan no en ellos mismos ni en ninguna ayuda humana, sino solamente en el «Dios vivo», se convierten en personas «valientes como leones», pudiendo hablar ante los Sanedrines que se oponen o, al igual que en el caso de Lutero, a una Dieta enfurecida, si es Dios quien da el mensaje y, sin temor, dejándole los resultados a Él. Ellos siembran la semilla que les ha mandado y esperan que Él envíe el sol, las lluvias y que germine la cosecha.

Se ven libres de ansiedad. Dios no deja nunca a las personas para que tengan que estar padeciendo y preocupándose. Por ello, los que entregan todos sus caminos en sus manos no se preocupan nunca. «No os afanéis por nada, sino sean conocidas vuestras peticiones con acción de gracias»; ellos dan a conocer sus peticiones a Dios, y por eso poseen esa paz que sobrepasa todo entendimiento. Si la semilla que han sembrado no aparece a la mañana siguiente, no levantan la tierra para averiguar lo que ha sucedido, sino que, habiendo hecho lo mejor posible, creen sinceramente que Dios hará el resto. En lugar de vivir ansiosos y quejarse, con los resultados de daño psicológico y físico que acompañan la ansiedad, «depositan su carga en el Señor», de modo que Él les sostiene y pueden cantar:

> *Ésta es mi historia y es mi canción;*
> *Gloria a Jesús por su salvación.*

Esto se refiere a la bendita salvación eterna del pecado, pero al mismo tiempo nos libra de los roces y las ansiedades de la vida presente.

Humildad. Todos los que son divinamente guiados demuestran que es cierto que «antes que el honor está la humildad», siendo un ejemplo de la verdad, acerca de la cual manifestó el obispo Taylor: «La humildad es como un árbol cuyas raíces, cuanto más profundamente se arraigan en la tierra más altas se elevan sus ramas, y es más seguro y fuerte, y cada paso de su descenso es un fortalecimiento de su pie.» El hecho de que no poseen sabiduría en sí mismos, sino que a cada paso han de depender del otro, hace que se mantengan humildes. De este modo, humillándose ante la poderosa mano de Dios, Él les exalta guiándoles según su consejo, para recibirles después en gloria.

La posibilidad de que, por causa de una opinión equivocada o alguna otra imperfección, sean confundidos, hace que sea más fácil enseñarles en lo que se refiere a todos los puntos en los cuales la voluntad de Dios no ha sido revelada equivocadamente a estas personas. Jesús, que fue un ejemplo perfecto, siempre divinamente guiado, manifestó su humildad despojándose de la gloria que tenía con el Padre, y tomando nuestra naturaleza por un nacimiento aparentemente humilde y vil, fue sumiso a sus padres humanos. Por medio de su ocupación como carpintero participó de nuestras debilidades, convirtiéndose en siervo, como humilde obrero. Se asoció con lo más «despreciable» de la sociedad y, rechazando honores humanos, se expuso a recibir los reproches y el desprecio de sus conciudadanos; y por su muerte como un criminal y un paria, sobre una cruz despreciable, triunfó de los poderes de las tinieblas. Todos los que son plenamente guiados por Dios poseen este sentir que hubo también en Cristo Jesús y «caminan como lo hizo él», y viven entre la abundancia y el perfume de las flores en el valle de la humildad.

Complacen a Dios. Al igual que sucedió con Enoc, caminan con Dios y tienen el testimonio de que le complacen porque «guardan sus mandamientos y hacen aquellas cosas que son agradables a sus ojos». Incluso cuando cometen equivocaciones, que por causa de su debilidad pueden cometer, Dios no se lo echa en cara porque sabe que no lo hicieron con intención, y juzga la acción por la intención. Ellos aprecian su sonrisa de aprobación más que el parabién de un universo sin ella, y la verdad es que la tienen. Lo que ellos sienten es:

> *Que el mundo me desprecie y me abandone,*
> *Lo mismo hicieron con Jesús.*
> *Engañoso es el corazón y la mirada humana,*
> *Pero tú, mi Dios, no eres infiel cual ellos;*
> *Y mientras a mí me sonríes,*
> *Dios de sabiduría, amor y poder,*
> *Me odiarán los enemigos y me despreciarán los amigos,*
> *Pero muéstrame tu rostro y veré tu resplandor.*

En algunas ocasiones Dios llama a sus hijos para que sigan un camino que les reporta la censura de los mundanos y las burlas de las amistades, y luego consuela el sufrimiento causado de este modo por medio de sus amorosas caricias que les hace cuando están a solas con Él. Compensados una y mil veces por sus sacrificios, exclaman:

> *¡Oh bendito Salvador, cuán deliciosa es tu recompensa!*
> *¡Cuán dulces tus agasajos!*

Son inflexibles y caminan por fe. En aquello que no es esencial se muestran flexibles, como la hoja mecida por el viento, pero en los asuntos en los cuales la voluntad de Dios es clara son tan firmes como el granito. Pertenecen a la clase de personas acerca de las cuales se ha dicho: «Éstos son la clase de hombres de los cuales se hacen mártires.» Cuando llegue el día de la gran tribulación, cuando estén dispuestas las mazmorras y los fuegos encendidos, entonces Dios permitirá que sus hijos, que son débiles en la carne, permanezcan a un lado; pero luego los cristianos iluminados, aquellos que viven en las regiones de las elevadas emociones, en lugar de la fe calmada, que han sido conspicuos en el mundo de la actividad cristiana, y han sido como un canto agradable y alto, habiéndose portado noblemente en muchas cosas, se desplegarán hacia la derecha y la izquierda, y permitirá que esta pequeña compañía, formada por aquellos que el mundo no conoce ni puede conocer, salga de sus lugares secretos para participar en la gran batalla del Señor. Para los tales la cárcel será tan aceptable como un trono, un lugar de degradación como uno de honor. Preguntadles cómo se sienten y tal vez se sorprendan porque sus pensamientos están de tal modo concentrados en Dios que podrán decir "hágase la voluntad de Dios", ya que no poseen sentimientos aparte de los que son conforme a la voluntad de Dios... Por eso no les aterran ni los calabozos ni el fuego.»

Son razonbles. Cuando el Espíritu de Dios guía a los hombres mediante su poder de razonamiento, los que son guiados de este modo están siempre dispuestos a dar la razón de cualquier postura que adoptan o cualquier cosa que hagan. La vida y la obra de George Müller, del Orfelinato de Bristol, que es tan bien conocida, es un ejemplo sorprendente de este principio. *Su vida de fe* es uno de los más estimulantes tónicos de la fe que conocemos. Comienza por afirmar que fue guiado a su obra basándose en los principios de las Escrituras, y a continuación menciona seis razones de peso por las cuales tomó el curso que tomó.

Watson, en su sermón extraordinario «Los dos velos», dice: «El doctor Daniel Steele, uno de los más refinados hombres del mundo, estuvo orando durante tres semanas pidiendo ser santificado, y no hacía otra cosa que pensar: "Si Dios te santifica, te hará actuar de una manera extraña"; y le asustaba la idea de que tuviese que gritar en los tranvías, o que tuviese que hacer alguna otra cosa extraña, pero el Espíritu acabó por decirle: "¿Acaso no crees que Dios tiene un buen sentido de lo que está bien? ¿No crees que Dios sabe tanto como tú acerca de lo que es el buen comportamiento? ¿Cómo se te ocurre pensar que Dios pudiese cometer alguna insensatez?" Se dio cuenta, entonces, de que era solamente una tentación, dejó todo en sus manos, y Dios le bautizó con el Espíritu Santo de una manera tan maravillosa que apenas si podía comer o dormir durante varios días. Y permíteme decirte que ha sido uno de los hombres que mejor se ha comportado desde entonces, y no ha hecho nada que sea insensato.»

Se encontrarán con oposición. Con frecuencia el Espíritu Santo nos guía de manera contraria a las inclinaciones carnales, a las opiniones y protestas de las amistades y los familiares, y siempre contraria al mundo y al demonio. Por lo tanto, es inevitable encontrarse con oposición. Él toma y realiza la obra de Jesús, que consiste en «destruir al demonio», y ellos, como es lógico, se le resisten. Por ello, todos los que crean que pueden ser guiados por el Espíritu y al mismo tiempo complacer a los que les rodean se encontrarán condenados a la decepción. De la misma manera que un ejército no podría realizar su labor y al mismo tiempo intentar complacer al enemigo.

El mal y el demonio no están de acuerdo con el Espíritu Santo, de la misma manera que es imposible que el fuego pueda mezclarse con el agua.

Son victoriosos. Dios es su líder y da siempre la victoria absoluta a los que le siguen.

De victoria en victoria
A sus ejércitos guiará
Hasta que todo enemigo sea derrotado
Y Cristo sea Señor de verdad.

Gobiernan sus propios espíritus. Los apetitos y las pasiones se inclinan ante el mandato de su divino Maestro, y guiados por Dios sienten que «todo lo pueden en Cristo que les fortalece». Les gusta seguir a su dirigente, y esperan que no tarde en llegar el día en que todos los enemigos queden bajo sus pies; la tierra, que es el antiguo campo de batalla, quemada y reemplazada por otra donde morará la justicia, y su Rey «será coronado como Señor de todo».

Son corteses. Como quiera que el Espíritu Santo no guía a nadie al egoísmo, todos los que le siguen se salvarán de cometer actos egoístas y, por ende, de todos los actos descorteses que son el resultado de las inclinaciones egoístas.

Un verdadero cristiano es, en el mejor sentido de la palabra, un auténtico caballero. Habiendo eliminado las groserías, los modales desagradables y el egoísmo, será, por el contrario, amable, fino y se dejará llevar por el amor, y aunque la apariencia exterior pueda resultar poco atractiva y el lenguaje inapropiado, la buena educación de la paternidad celestial aparecerá en todos los que sigan de cerca a su guía invisible.

Se amoldan de buen grado al trato provisional de Dios. Las personas que no son guiadas de este modo, se encontrarán como Saulo de Tarso antes de su conversión, «dando coces contra el aguijón», oponiéndose a la Providencia. Aquellos que caminan a la luz de las interpretaciones que les da el Espíritu, oyen la voz de Dios en todos sus tratos providenciales con ellos. Por lo tanto, cuando les falla la suerte, o la salud resulta deficiente, o los amigos les traicionan, o los enemigos levantan falsos testimonios, o los planes salen mal, o fallecen los seres amados, aunque sufren, pueden decir con perfecta paz:

Aún sigo diciendo «hágase, Dios, tu voluntad».
Y en el más cálido fuego permanecen tranquilos.

Incluso en aquellos casos en los que Dios, por su providencia, realiza una dolorosa amputación, pueden decir: «Todas las cosas las hace bien», porque saben que es Dios quien les guía, que el sufrimiento es necesario para su disciplina, y que «suceden todas las cosas» para su propio bien. Han aprendido que deben, aunque tengan que pasar por sufrimientos:

1. Permanecer quietos en la hoguera, sabiendo que la inquietud impide el progreso y estropea la obra.

2. No hacer demasiadas preguntas al que les está refinando, ya que sabe bien lo que está haciendo.

3. Que la prueba, aunque resulte dolorosa, es de un valor infinito en comparación con su recompensa.

4. Aceptar la disciplina de Dios sin estar continuamente ofreciéndole sugerencias.

Cuando la tormenta de la oposición se presenta y se tienen que enfrentar con las olas de la adversidad que amenazan anegarles, cantan:

Mi porción ha sido cortada de la madera
por el soplo divino.
Sobre el timón reposa una mano
que no es la mía.
Él me sostiene cuando ruge la tormenta,
y no pereceré.
Si es dura será corta, si se prolonga será ligera,
Él todo lo ordena.

El Espíritu de Dios no guía nunca a las personas a hacer aquello que su providencia juzgue como imposible. He conocido a personas que estaban convencidas de que las poderosas impresiones procedían de Dios y que era su voluntad que hiciesen ciertas cosas, cuando lo cierto es que Él estaba continua y enfáticamente diciéndoles que no por medio de su providencia.

«Cualquier impresión o convicciones», escribe Upham, «que impliquen una contradicción con la voz del

Espíritu y los sucesos providenciales de su vida, puede estar seguro de que procede de una fuente equivocada y, por ello, debe ser rechazada. Afirmamos, por tanto, que la persona que es guiada por el Espíritu Santo se encontrará con que su conducta armoniza de manera maravillosa con los sucesos de la providencia divina al desarrollarse en su vida hora tras hora y día tras día. Por ello, las personas son divinamente libradas de la locura de pensar que una impresión procede de lo alto cuando el camino no está abierto para que la pongan en práctica».

La obligación se convierte en un placer. Aunque es posible que al principio los sentimientos se amilanen ante la guía del Espíritu Santo, si se ven obligados a ceder, como los niños convencidos, no tardarán en secar sus lágrimas, y sentir un gozo que no hay palabras que lo puedan describir, al haber tomado las decisiones oportunas bajo la voluntad de Dios. ¿Quién no ha llorado de dolor al recibir un llamamiento de lo alto y poco después se ha sentido emocionado por el gozo que les ha producido andar en aquella dirección? Pues de los tales dice Dios: «Convertiré su lamento en gozo, y les consolaré, y haré que se regocijen en mdio de su dolor.» Los hombres lloran cuando Dios les quita sus peniques, pero se gozan cuando se dan cuenta de que lo hizo tan sólo con el propósito de reemplazarlos por rubíes o esmeraldas.

Habrá temporadas de graves tentaciones. Satanás no está dispuesto a permitir que el plan que Dios tiene para sus hijos siga adelante sin hacer todo lo posible por dar al traste con él. A fin de llevar a cabo su propósito, se manifestará de mil maneras diferentes, con una maña especial, y de maneras aparentemente inocentes, además de hacerlo por medio de ataques descubiertos. De modo que la única manera en que el cristiano puede estar a salvo es «manteniéndose alerta y orando» a fin de no caer en tentación.

Es preciso reverencia y obedecer las enseñanzas de la Biblia. El Espíritu Santo es el autor de la Biblia, y parte de su obra es explicar y aplicar estas enseñanzas. Por tanto, no puede nunca guiar a seguir un curso que habrá de condenar, sino a aquello que esté de acuerdo con sus instrucciones. Por lo tanto, todos los que son guiados por él actuarán conforme a las enseñanzas de las Escrituras, y sus vidas, como la de Jesús, serán un cumplimiento de los principios de los sagrados escritos. Se dan cuenta de que todas las impresiones que chocan con la Palabra están mal y se resisten a ellas con entereza.

A Dios le preocupan las consecuencias. Cuando seguimos como es debido la dirección de Dios. Él asume toda la responsabilidad de los resultados. A nosotros nos toca marchar alrededor de Jericó y a Él derribar las murallas.

La dirección de Dios sirve de consuelo en la hora de la muerte. El salmista dijo: «Aunque ande en valle de sombra de muerte no temeré mal alguno, porque tú estarás conmigo; tu vara y tu cayado me infundirán aliento.» La promesa que nos hizo Jesús de que no nos dejaría ni abandonaría nunca, se cumple con dulzura cuando tenemos que enfrentarnos con la dura prueba de la muerte. Cuando uno de mis seres amados agonizaba y se acercaban sus últimos momentos en la tierra, le hablé acerca del misterio inescrutable que significa el que Dios permita que sus hijos amados sufran de ese modo.

«Oh», me dijo esta mujer, «eso no importa. Nosotros no alcanzamos a comprender el motivo porque somos finitos, pero Él es infinito»; y de este modo Dios la mantuvo y no tardó en encontrarse en la tierra donde no existe el sufrimiento. Por ello el cristiano puede cantar:

Y cuando acabe mi tarea aquí en la tierra
Y, por tu gracia, obtenga la victoria
No huiré del frío soplo de la muerte,
Porque Dios me guía por el Jordán.

Semejantes a Cristo. Todos los que son divinamente guiados son semejantes a Cristo. Aunque tengan muchas debilidades que Él no tuvo, son en amor, en paciencia, en audacia, humildad y todas las gracias de la vida cristiana, semejantes a Él. El Espíritu Santo se esfuerza por hacer que seamos más como Jesús. La Palabra y la Providencia son los cinceles que utiliza para darnos forma, a fin de que nos parezcamos más a Él. Por ello, todos los que se dejan llevar por Él se transforman en personas de tal belleza de carácter que hacen que los mismos ángeles se queden maravillados.

Esto es lo que permite que un eminente santo diga: «Esta gozosa audacia se basa en la seguridad de que seremos hechos conforme a la imagen del Hijo de Dios, y de que gracias al poder transformador del Espíritu soy como Él en pureza, y de este modo sé que el juez no habrá de condenar a facsímiles de sí mismo, "porque tal y como él es, así somos nosotros en este mundo".»

Comunión con Dios. Ellos hablan con Dios y Él les responde. Upham, hablando acerca de los que son «verdaderamente santificados», dice: «No es imposible que ellos hablen, si lo hacen con una profunda reverencia, de que mantienen una conversación con Dios, y que ellos hablan con Dios. La expresión corresponde con los hechos. El hablarle a Dios y dirigirse a Él de manera familiar, como lo hacen los hijos con los padres, hablándole en lo secreto de su espíritu, y recibir una respuesta interior, es al mismo tiempo una gracia y algo decisivo, pero no es un privilegio exclusivamente de ellos, sino que puede estar al alcance de todos sus hijos.»

Las buenas obras. Todos los que son guiados por el Espíritu «abundarán siempre en las obras del Señor», sintiendo siempre el peso de la conversión de los pecadores y la plena santificación de los creyentes, y se esforzarán lo más posible en este sentido. Trabajarán juntamente con Dios, amando a su iglesia e intentando edificarla de la manera más conveniente.

Cuando seguimos las convicciones de lo alto, siempre obtenemos éxito. Siguiendo otras impresiones podremos granjearnos los favores de nuestros amigos y obtener una satisfacción temporal, pero el alma guiada divinamente obtendrá la constante sonrisa de Dios y la de los ángeles, y «todo cuanto haga prosperará». Dios podrá guiarnos en contra de ejércitos de oposición y nos hará, a veces, pasar por «el mar Rojo» de las dificultades, «por los fosos de los leones», de la persecución y «por los hornos de fuego» de la aflicción, pero siempre es para guiarnos, a la postre, a una victoria segura. Por tener semejante líder podemos decir: «Todo cuanto respira alabe a Jehová».

Sigamos todos de corazón a nuestro líder divino a fin de que podamos «llegar a salvo» por «los caminos de justicia» aquí en la tierra, y luego podamos encontrarnos entre el número de aquellos que han sido comprados por su sangre, acerca del cual está escrito: «El Cordero que está en medio del trono los pastoreará, y los guiará a fuentes de agua de vida, y Dios enjugará toda lágrima de los ojos de ellos.»

*Dejándonos ejemplo,
para que sigamos sus pisadas.*

1 Pedro 2:21

CAPÍTULO 10

El perfecto modelo del hombre

Jesús es el perfecto modelo de los hombres. El retrato, hecho a pluma, sobre su vida, y que se encuentra en la galería de los Evangelios, debiera ser nuestro continuo estudio. Él fue una ilustración viva de la verdad que proclamó y que nosotros debemos practicar. Él «practicó lo que predicó», y su brillante ejemplo proclama el hecho de que lo que dice el Evangelio es practicable.

De igual manera que hay muchos hombres que no comprenden la naturaleza de la electricidad o las leyes que gobiernan la corriente eléctrica, pero que caminan con gozo bajo la preciosa luz generada de este modo, hay aquellos que, ignorando los principios y los preceptos que están escritos en la Palabra, no pueden dejar de contemplar la belleza que se ha manifestado en la vida de Jesús, que es la Luz de todos los mundos, y ante cuya presencia toda otra luz palidece.

Si recordamos los siguientes hechos respecto a Él, nos ayudarán en gran manera a seguir tras sus pisadas.

Jesús fue tan absolutamente humano como fue divino. «Tomó la naturaleza de hombre... de manera que dos naturalezas, ambas perfectas, la divina y la humana, se unieran en una sola persona.» En el esplendor deslumbrante de su naturaleza divina parece como si a veces a los comentadores se les olvidase que era al mismo tiempo intensamente humano, como lo es cualquier otro mortal, y que fue «simiente de la mujer» al mismo tiempo que era «Hijo de Dios». Es necesario, por tanto, recordar y enfatizar que el Rey de la gloria fue además el nazareno despreciado; que el Creador de todos los mundos fue el bebé indefenso que nació en un pesebre en Belén; que el que es el Pan de Vida fue en una ocasión un hombre que pasó hambre; que se encontró sin hogar, yendo de un lado a otro; que el que es juez de todos los hombres tuvo que someterse a la ley; que el que fue declarado «Hijo de Dios con poder» fue, al mismo tiempo, «hombre experimentado en quebrantos y dolores»; que el que habrá de secar toda lágrima, lloró y derramó gotas de sudor de sangre; que el que tiene «las llaves de la muerte» fue «obediente hasta la muerte»; que Aquel a quien fue otorgado todo poder en los cielos y en la tierra, fue el que se desmayó bajo el peso de la cruz en el camino al Calvario, y que el «Dios para siempre bendito» fue el carpintero crucificado.

La humanidad de Jesús resultó tan esencial para nuestra salvación como lo fue su divinidad. Desposeído de ella no habría tenido voz humana para proclamarnos su Evangelio, no habría podido derramar lágrimas a nuestro favor, no hubiese podido derramar tampoco su sangre por nosotros, no hubiese tenido una experiencia común con la nuestra que le calificase para actuar como nuestro abogado ante el Padre, permitiéndole que tuviese compasión de nosotros, de nuestros sufrimientos y tentaciones. No hubiese habido crucifixión y, por tanto, tampoco resurrección.

Jesús enfatizó poderosamente el hecho de su humanidad por el uso frecuente del título «el Hijo del Hombre» al referirse a sí mismo. Tan sólo en el Evangelio de Mateo utiliza este título más de treinta veces, y no hace uso ni una sola vez del título «Hijo de Dios», que le pertenecía por igual. Esta conmovedora condescendencia por su parte nos habla acerca del tierno amor que siente por nosotros. Es como si un hijo de la más honorable familia del país, a fin de salvar a un degradado criminal, dejase voluntariamente de lado el honrado nombre de su familia y gozosamente llevase sobre sí mismo el del proscrito, para demostrar de ese modo su afecto hacia él.

Bendito Jesús, ¡cuán inconmensurable es tu amor hacia el hombre caído! Con corazones alegres te abrazamos, como nuestro hermano mayor, y albergamos el maravilloso pensamiento de que el bendito Hijo de Dios es además el Hijo del hombre. De este modo, el más alto cielo se inclina para besar la tierra perdida, y por medio de ese beso la conquista.

Jesús, a pesar de haber sido tentado en su humanidad, salió triunfante. Se encontró ante el mismo campo de batalla donde cayó el primer Adán, y los principados y poderes satánicos se abalanzaron sobre Él en poderosos escuadrones, hasta el punto que «fue tentado en todo, como lo somos nosotros». Tuvo que pasar por la prueba, pero hizo huir a todos sus enemigos y quedó victorioso ante todo el universo que le contemplaba. Su humanidad descansó, con una fe inquebrantable, sobre la roca divina y pudo, de ese modo, resistir la prueba de Satanás. Con esa ancla firme estuvo a salvo, y siempre que nosotros, como Él, «hagamos estas cosas no tropezaremos nunca».

Es nuestro privilegio y obligación ser como Jesús. Hay tantísimas maneras en las que nos resulta imposible ser como Él, que este hecho mismo puede cegarnos e impedirnos ver aquellas en que sí podemos ser como fue Él. No podemos ser como Él, ni lo espera de nosotros, en muchas de las circunstancias de su vida, ni podemos tener sus atributos divinos. Ni podemos con nuestra mente enana, nuestro cuerpo físico y nuestros poderes mentales, ser como fue Él en la agudeza de sus percepciones, en su habilidad y la presteza con que aplicaba la verdad a la experiencia personal. Su mente podía detectar cualquier error y llegar a la conclusión adecuada en un segundo, mientras que la nuestra, obstaculizada por una memoria defectuosa, por un conocimiento imperfecto y por muchas otras flaquezas de las cuales Él estaba libre, debe pasar, tal vez, por un largo y laborioso proceso. Sin embargo, en los siguientes detalles sí podemos ser como Él:

1. Fue el Hijo de Dios, sin culpa; nosotros debemos ser «hijos de Dios sin represión».

2. Él fue obediente; nosotros debemos guardar sus mandamientos.

3. Él se negó a sí mismo; también nosotros debemos negarnos a nosotros mismos, tomar nuestra cruz y seguirle.

4. Él complació a su Padre; también nosotros debemos «caminar de manera digna y agradable al Señor».

5. Fue tentado en todas las cosas, de la misma manera que lo somos nosotros, pero sin pecado; también nosotros hemos de ser tentados, y si resistimos al diablo, huirá de nosotros.

6. Él perdonó a sus enemigos; también nosotros debemos perdonar, si deseamos ser perdonados.

7. Nos amó a pesar de que andábamos en rebeldía en contra suya; nosotros debemos amar a nuestros enemigos y, al igual que Él, orar por ellos.

8. Él fue puro de corazón; «el que tiene esta esperanza en su corazón, purifíquese como también él es puro».

9. Él fue la luz del mundo; y si nosotros le seguimos, «no andaremos en tinieblas, sino que tendremos la luz de la vida».

10. Siempre supo cuál era la voluntad de su Padre; y «todas sus ovejas» pueden «conocer su voz».

11. Fue bautizado con el Espíritu Santo; y nosotros debemos perseverar en este propósito hasta que «recibamos la promesa del Padre».

12. Fue perseguido: el siervo no es más que su Señor; y el ser un cristiano de verdad significa ser perseguido.

13. No participó en costumbres depravadas ni injuriosas; nosotros debemos «limpiarnos de toda inmundicia de la carne y del espíritu».

14. Nunca se alió con las cosas mundanas; y también nosotros hemos de salir de entre ellas, manteniéndonos apartados.

15. Siempre puso primero los intereses del Padre; y también nosotros debemos «buscar primeramente el reino de Dios».

16. Jesús fue «valiente, enérgico, decidido y atrevido»; y nadie puede negar que así han de ser todos sus seguidores.

17. En lo que se refiere a los asuntos personales, era flexible, sumiso y dispuesto a ceder. En este sentido exhorta a sus seguidores a que sean amables, de tierno corazón y que honren antes a otros que a sí mismos.

18. Aunque era rico, se hizo pobre por nuestra causa; y declaró acerca de sus seguidores: «El que de vosotros no abandone todo cuanto posee, no puede ser mi discípulo». El que lo abandonemos todo es como vaciar nuestras manos de escoria, a fin de que Dios las llene de diamantes.

19. Él abundó en buenas y poderosas obras; y está escrito: «El que en mí cree, las obras que yo hago también él las hará, y mayores que éstas hará, porque yo voy al Padre.»

20. Él murió; y lo mismo habrá de suceder a todos sus seguidores.

21. Resucitó; y «de la misma manera que hemos

llevado la imagen del terrenal, así también llevaremos la del celestial» (1.ª Corintios 15:49).

22. Reinará para siempre. Él «nos ha hecho para nuestro Dios reyes y sacerdotes y reinaremos para su Dios y Padre» (Apocalipsis 1:6).

En todo esto que hemos mencionado, y en otras muchas cosas, se dice claramente que todos sus seguidores han de ser como Él. Ojalá el Espíritu Santo grabe en todos nuestros corazones la bendita verdad de que «su ejemplo es estricta y exactamente un ejemplo para todo el mundo». Cuando nos sintamos tentados a apartarnos de la senda de nuestra obligación, o a hacer la vista gorda al pecado sencillamente «porque somos humanos», recordemos que Jesús también fue humano, y si bien su Evangelio no nos salva de nuestra humanidad, ni de nuestras flaquezas mientras nos encontremos en este mundo, si lo recibimos por fe nos salvará enteramente de nuestros pecados. El gran objetivo del Evangelio es que seamos transformados a su semejanza, pues que por ello derramó su preciosa sangre y nos da su Espíritu renovador y santificador. Sin éstos el hombre no podría parecerse a Jesús, como tampoco puede un leopardo parecerse a un cordero. El hombre que no ha sido regenerado y que intenta ser más como Jesús haciendo actos religiosos y buenas obras es sencillamente un leopardo humano bajo la piel de un cordero. Primeramente, es necesario que nos transformemos en su propia imagen, y una vez que seamos semejantes a Él, podremos «caminar como él lo hizo», y en nuestras reducidas esferas, de la misma manera que la gota lleva la imagen del océano, y el rayo de luz la imagen del sol, nosotros reflejaremos su semejanza. Éste es nuestro actual privilegio. Pero con el tiempo «nuestra alma y nuestro cuerpo llevarán su gloriosa imagen».

A continuación, no olvidemos que Jesús, en su humanidad, es el modelo del cristiano en cuanto a ser divinamente guiado. Cada uno de sus actos y palabras lleva el sello que demuestra su procedencia divina.

Jesús no hizo nunca nada ni de palabra ni de hecho que fuese contrario a la Biblia. Aunque había nacido del Espíritu, había sido lleno del Espíritu y había sido guiado por el Espíritu, Jesús reconoció constantemente las Escrituras como norma de su conducta, y siempre alabó la Palabra escrita.

Aquellos seguidores equivocados que afirman que el Espíritu puede guiar de manera contraria a la Biblia, debieran de aprender una lección bien necesaria del gran Maestro.

El mero hecho de que el Espíritu Santo sea el autor de las Escrituras demuestra que todas sus enseñanzas y su dirección estarán de acuerdo con ella, porque un autor infinitamente sabio no se contradice a sí mismo. Jesús reverenciaba la Palabra escrita como un buen hijo reverencia la voluntad de un Padre al que ama, y cuando hizo nuevas revelaciones fueron sencillamente la explicación de las antiguas, y fueron para ellas lo que es la flor y el fruto para el capullo.

Su milagroso advenimiento, el mensaje del ángel a María, a José y a los pastores, y todos los grandes acontecimientos de su vida, fueron anunciados con anterioridad por las Escrituras y estaban de acuerdo con ellas. Su principal ocupación durante su juventud fue, sin duda alguna, el dominar las verdades bíblicas; y en años posteriores fue «con la espada del Espíritu» con la que venció el formalismo y se atrevió a combatir la hipocresía de un orgulloso eclesiasticismo. Cuando fue tentado en el desierto a desconfiar de Dios y a utilizar medios ilegales para satisfacer su apetito, como lo hacen los hombres cuando obran mal como medio de vida, y cuando fue tentado a poner a prueba el poder de Dios haciendo algo presuntuoso, y cuando fue tentado a dejar de lado su divina misión por una ganancia, como hacen los hombres cuando dejan de lado el ministerio o se apartan de sus principios, por causa del dinero o por obtener una cierta posición y, finalmente, cuando fue tentado a reconocer el señorío del demonio adorándole; en cada uno de estos casos puso a prueba la tentación satánica apelando a la Palabra escrita, y atravesando al enemigo con la afilada espada de las Escrituras, con sus oportunas citas, haciéndole huir; y «los ángeles le servían».

Los milagros que realizó, las profecías que cumplió, las buenas nuevas que proclamó, las denuncias que pronunció, su traición, su juicio, su crucifixión, resurrección, ascensión y reinado fueron todos ellos hechos que habían sido anunciados con anterioridad y estaban en armonía con las Escrituras. Cuando los humanos se oponían a Él le acusaron de actuar contrariamente a la Palabra, se defendió siempre con éxito exponiendo sus engaños y errores. No fue nunca como ellos ni como algunos de los que profesan seguirle en la actualidad, culpables de luchar con las Escrituras e interpretándolas a su manera con propósitos egoístas. Durante su infancia, aunque su corazón ardía en deseos de ocuparse en las cosas de su Padre, refrenó sus «poderosas impresiones» y, como fue enseñado en las leyes de Mosiés, se sometió a sus padres. De este modo, con su ejemplo, mostró que aquellos impulsos que, de seguirlos, nos conducirían a la desobediencia, es preciso abandonarlos.

Cuando llevó a cabo el hecho extraordinario de echar a los vendedores y cambistas del templo, mandándoles que dejasen de convertir la casa de su Padre en lugar de negocios, se enfrentó ante la indignación de aquellos hombres con la declaración incontestable de la Biblia: «Escrito está: Mi casa, casa de oración será llamada; pero vosotros la habéis convertido en cueva de ladrones.»

Vemos, pues, que a cada paso se apoyó en la Palabra escrita para defender la justicia de cada uno de sus actos. Estudia los Evangelios con referencia a las alusiones de Jesús a las Escrituras, y te quedarás, sin duda, sorprendido por su frecuencia.

Ante la presencia del extraordinario ejemplo de nuestro divino modelo, la terrible falacia que proclaman algunos según la cual el Espíritu Santo puede guiarnos a cometer actos que son contrarios a las Escrituras y al sentido común santificado, muere de una muerte que no conoce resurrección. El seguirla es caer de cabeza en la tumba.

De la misma manera que la obra de su vida consistía en hacer la voluntad de su Padre, tal y como nos ha sido revelada en la Palabra escrita, del mismo modo, en nuestra humilde esfera, también debe ser la nuestra. Ojalá sigamos fielmente sus pasos.

Nunca dijo ni hizo nada que estuviese mal. Todas sus palabras y sus obras fueron correctas. Puestas bajo el más rígido escrutinio o crítica por parte de amigos o enemigos, no se ha podido nunca demostrar que cometiese ningún acto malo. El veredicto de los siglos ha sido el mismo que emitió Pilato con las palabras: «Ningún mal hallo en él.» Sus más encarnizados enemigos, que durante años no le quitaron la vista de encima, tuvieron por fin que darse por vencidos en su inútil búsqueda, y alquilaron testigos falsos para que inventasen acusaciones en su contra, imputándole males que les resultaba imposible encontrar. Todos estuvieron de acuerdo en que era justo hacer siempre lo bueno y hacerlo a todos, y ésta fue la obra de su vida. «Iba por todas partes haciendo el bien.» Todos están de acuerdo en que se deben manifestar el fraude y la hipocresía, cosa que Él hizo repetidamente, a fondo y sin temor. Cada uno de los hechos de su maravillosa vida estaba tan bien, que Él, sin temor a los resultados, podía desafiar a sus enemigos diciéndoles: «¿Quién de vosotros me acusa de pecado?» Por su maravilloso poder en nosotros, hagamos nuestra la gracia que nos guiará, como a Él, a estar ocupados haciendo el bien, de manera que no nos quede ni tiempo ni deseos de hacer lo que está mal, ni siquiera lo que es dudoso.

Nunca dijo ni hizo nada que fuese irrazonable. Fue siempre razonable. Lo fue de tal manera, que ni sus más acerbos enemigos se atrevieron a refutar su lógica, y cuando lo intentaron, se sintieron confundidos bajo sus destellos. Sus respuestas expusieron la ignorancia de aquellos hombres de tal manera, y revelaron de tal modo la sabiduría del Señor, que, totalmente anonadados, tuvieron que darse cuenta de que eran incapaces de contestar a todas sus capciosas preguntas, «y a partir de entonces no se atrevieron a hacerle ninguna más». Sus doctrinas, y lo que requería de sus seguidores, así como su propia vida, estaban en perfecta armonía con las sensatas conclusiones de un juicio espiritualmente iluminado. Fijémonos en la ilustración de este hecho mediante algunos ejemplos sobre algunos incidentes de su vida:

1. *Su tentación en el desierto.* Si era preciso que Él socorriese y se compadeciese de una humanidad débil, sujeta a tentación, ¿no era razonable que Él, que se encontraba débil, agotado y solo, pudiese enfrentarse con la tentación y la venciese? Si la Palabra escrita es el arma que hemos de esgrimir para derrotar al enemigo, ¿no es razonable que Él, que había de servirnos de gran Ejemplo, aprovechase esta ocasión para enseñarnos cómo utilizarla?

2. *Su plan para propagar el Evangelio.* ¿Pudo haber escogido un momento más oportuno para comenzar su ministerio que el que escogió, en la cúspide de la popularidad de Juan, cuando se veía rodeado por las multitudes, y la nación despertaba, y el pensamiento religioso había llegado al más alto grado como resultado de las sorprendentes declaraciones del nuevo Elías? ¿Se ha encontrado algún método más razonable

para proclamar la verdad, para atraer y mantener la atención de una nación, que su predicación sencilla, que iba al grano, juntamente con los hechos milagrosos de su misericordia, que realizó gratuitamente, así como el ataque valiente en contra de los formalistas de sus tiempos? ¿Podemos nosotros concebir un plan más admirable para la obra que tenía que realizar que el suyo, de enviar «simultáneamente a un número de sus más cordiales amigos y seguidores para que ayudasen a causar la más profunda impresión posible en la comunidad? ¿No demuestran los resultados de su ministerio humano que escogió el momento más razonable, los mejores métodos y los hombre más idóneos que tuvo a mano, su acertada discreción y sabiduría para llevar a cabo su obra?

¿Acaso su juicio público, su crucifixión, su resurrección, su ascensión y los dones que ha otorgado a sus seguidores no presentan el plan más efectivo y racional para el propósito designado?

Lo racional de los métodos utilizados por Jesús fue inconscientemente elogiado por el famoso estadista francés a quien un entusiasta fue a pedir consejo para introducir una nueva religión: «Sé crucificado y resucita al tercer día» fue el consejo sarcástico, pero enérgico, del hombre de Estado.

¿Acaso no fue razonable que Jesús enfatizase la verdad de su Evangelio practicando Él mismo lo que predicaba? ¡Qué gran contraste el que existe entre Él y los hipócritas religiosos de sus días! Él no solamente proclamó la importancia de la oración, del ayuno, del negarse a uno mismo, y la obra personal, sino que fue ejemplo, sin falta, de éstas y otras muchas verdades que predicó. En éstos y en otros muchos detalles concretos de su vida maravillosa estuvo siempre de acuerdo conla razón iluminada. Tranquilo, con dominio propio y reflejando la santa luz divina, brilla con el fulgor de un gran Sol en el sistema solar del Evangelio, sin empañarse por causa de los dichos o las acciones ridículas de algunos. Ojalá que sus equivocados seguidores, que sienten deseos de realizar en su nombre cosas absurdas, estudien más claramente esta fase de su personalidad y luego se esfuercen en ser más como Él.

La vida de Jesús estuvo siempre en armonía con los sucesos providenciales. Las oportunidades providenciales para llevar a cabo las obras a las cuales le guiaba el Espíritu surgían como por arte de magia ante su camino. Entró en contacto con las ocasiones y las personas más adecuadas, dentro de la sociedad de su tiempo, de una manera tan natural como un imán atrae al acero. Nunca fue culpable de la inconsistencia de pensar que era la voluntad de Dios que hiciese cosas que la providencia divina no le permitía hacer. Circunstancias abrumadoras, que asustarían a almas tímidas que no conocen el secreto de la plena gracia y la dirección de Dios, pero que están dispuestas a seguir sus pisadas, fueron para Él como carros de oro que le elevaron a las más extraordinarias victorias. Otros hombres de la misma ciudad, enfurecidos por la intriga eclesiástica y el poder romano combinado, no pudieron detenerle en el cumplimiento de una sola de sus obligaciones, pero cada una de ellas, a su manera, tuvo el propósito de contribuir a su gloria. Caminó de una manera tan absoluta en la senda providencial que había sido marcada para Él, que no hubo la más mínima discordia entre Él y los sucesos con los que se enfrentó en su vida diaria. Por lo tanto, su vida es una demostración de que la puerta de la oportunidad que provee la Providencia permanece siempre abierta para todo aquel que se deja guiar por Dios. Nosotros debemos continuar con nuestra mirada fija sobre el «Hombre modelo» hasta que, como Él, nuestras vidas se amolden a la manera providencial de actuar de Dios.

Jesús siempre cumplió con las condiciones y se dejó

guiar por Dios. Su humanidad reposó en el regazo divino. Muerto al mundo, habiendo sido salvo de sí mismo, lleno del Espíritu, poniendo siempre primero los intereses del reino y siguiendo, sin dudar ni por un momento, la dirección de lo alto, fuera cual fuese el precio que tuviese que pagar, la vida de Jesús se encuentra en la galería de los siglos como el «Hombre que fue un perfecto modelo», puesto que cumplió todas las condiciones divinas.

Los resultados maravillosos de ser guiado divinamente encuentran pleno fruto en la vida de Jesús. Jesús poseía todos los frutos del Espíritu, y su vida fue una perfecta representación de masculinidad de la manera en que Dios la creó originalmente.

A pesar de que se tuvo que enfrentar con más sufrimientos, oposición, acusaciones y dificultades que ningún otro hombre, en medio de todo ello no se mostró nunca envidioso, irritable, altanero, tozudo, impaciente, decepcionado ni perplejo.

Examinemos algunos de los «frutos de Canaán» que crecieron en el jardín de la vida del que fue «un hombre perfecto», y recordemos que unos frutos semejantes abundarán en las vidas de todos aquellos que sean totalmente poseídos por su Espíritu. De la misma manera que el alumno aprende gracias al perfecto ejemplo que se esfuerza por imitar, el ser como Jesús es algo que podemos hacer si aprendemos de Él.

Fue humilde. Esto quedó de manifiesto de manera asombrosa en la sumisión que mostró para con sus padres y en el cumplimiento de las ordenanzas, en la manera en que soportó los ultrajes que acumularon sobre Él, tal como la pobreza, y en el modo en que aceptó su humilde destino, así como otras muchas cosas que ya hemos mencionado. Él dice a todos los que le siguen: «Tomad mi yugo y aprended de mí, que soy manso y humilde de corazón, y encontraréis descanso para vuestra alma.»

Fue obediente. Hizo la voluntad de su Padre y nos enseñó a orar, diciendo: «Sea hecha tu voluntad en la tierra como en el cielo.» La cumplió de buen grado, con rapidez y de manera continua. Tanto si se trataba de hablar palabras de sanidad y de consuelo o soportar la cruz, fue obediente, y obediente hasta la muerte. Viendo desde el principio toda la vergüenza, los reproches, el odio y la agonía que le esperaban por ser obediente, pudo decir a pesar de ello: «Me complazco en hacer tu voluntad, oh mi Dios.»

Tuvo que soportar muchas pruebas. Tuvo que soportar las tentaciones del demonio en el desierto, a su familia y a sus conciudadanos, y en su vida pública sufrió el ridículo, las decepciones, la intriga y la oposición de sus enemigos, y la cobardía, la ambición egoísta y el celo mal dirigido de sus amigos, siendo tentado en todo y por todas partes, de la misma manera que lo somos nosotros, pero sin pecado. Se dice que en una ocasión vino un hombre a ver a Napoleón para decirle que había hecho una armadura a prueba de balas. «Póntela», le dijo el general, y el hombre lo hizo. Volviéndose a un ordenanza, Napoleón ordenó que disparase contra este hombre, pero el inventor se negó a que su armadura fuese puesta a prueba de semejante manera. Jesús ha hecho una cota de malla que nos dice que desviará «todos los dardos de fuego del maligno», y la llevó Él mientras estuvo aquí en la tierra, demostrando su perfección.

Se mostró tranquilo, seguro de sí mismo y confiado. Demostró la declaración inspirada de que «las obras de justicia serán paz, y el efecto de la justicia, quietud y seguridad para siempre». Tanto si se encontraba en el templo enseñando y haciendo preguntas a los doctores de la ley, como en los hogares humildes haciendo milagros, sobre el monte predicando a las multitudes, delante de Pilato, siendo falsamente acusado, o sufriendo en el cruel madero, la tónica general de su vida fue el fluir tranquilo de un profundo y poderoso manantial. Cuando se desbordaron sus sentimientos, tal y como se manifestó en el caso de la profanación del templo, ante la hipocresía de los sacerdotes, y en Getsemaní, fue por razones excepcionales en su vida, y no la norma.

Fue experimentado en quebrantos. Aquellas personas que, en su celo por condenar a una religión de rostros largos y tristes, quieren suprimir de sus creencias y sus vidas el sano humor y la alegría, deben recordar que Jesús era un huésped gozoso a pesar de los sufrimientos que tuvo que pasar por causa del hombre caído, hasta llegar al clímax de tener que soportar la cruz negándose a sí mismo; por tanto, necesitan estudiar más de cerca a su divino modelo.

Sobre todo en la hora de la pasión, parecía como si todo estuviese en su contra, como dice la poesía:

El cielo oscurecido por negros nubarrones;
Los relámpagos de las divinas iras
Que debían caer sobre los hombros,
  de grandes pecadores,
Cayeron sobre la cabeza del justo por excelencia,
Y no se encontró a ninguno de aquellos
  por los cuales moría,
Dispuesto a consolarle.

Solamente los que sufran con Él morarán también con Él.

Jesús poseía un gozo permanente. Aun en medio del dolor se regocijó siempre. Este gozo lo legó a todos sus seguidores. Él dijo: «Para que mi gozo permanezca en vosotros, y vuestro gozo sea cumplido.»

Hasta donde podemos entenderlo, el gozo de Jesús consistía, como destaca el doctor Adam Clark, «en hacer la voluntad del Padre aunque ésta fuera gustar la muerte por todos», y también en la visión anticipada de aquel día cuando vendrá a arrebatar del mundo a incontables multitudes de redimidos. Éste era el secreto de su gozo: el estar seguro de la continua aprobación de su Padre y del éxito de su obra de salvación a millares de almas. Éstos fueron para él motivos de gozo incluso durante las horas de su más profunda agonía. El autor de Hebreos dice: «Por el gozo puesto delante de él sufrió la cruz, menospreciando el oprobio, y se sentó a la diestra del trono de Dios» (Hebreos 12:2).

El apoteósico éxito fue precedido por indecibles dolores. El principio de su ministerio estuvo precedido por un humilde nacimiento en el establo de Belén, por la falta de comprensión de sus familiares y por la dura tentación que tuvo que soportar en el desierto. En todos los esfuerzos públicos que realizó se encontró con la constante oposición de sus persistentes y astutos adversarios. Muchos de los que participaron en su ministerio le vieron con sospecha y odio, y ni siquiera sus propios hermanos creyeron en Él. La resurrección y Pentecostés fueron precedidas por Getsemaní y la crucifixión. Tuvo que soportar una indecible agonía en el campo de batalla antes de tener la victoria y llevar la corona de vencedor. «Amados», dice el apóstol Pablo, «haya también en vosotros este mismo sentir que hubo también en Cristo Jesús, el cual, siendo en forma de Dios, no estimó el ser igual a Dios como cosa a que aferrarse, sino que se despojó a sí mismo, tomando forma de siervo, hecho semejante a los hombres; y estando en la condición de hombre, se humilló a sí mismo, haciéndose obediente hasta la muerte, y muerte de cruz. Por lo cual Dios también le exaltó hasta lo sumo, y le dio un nombre que es sobre todo nombre, para que en el nombre de Jesús se doble toda rodilla de los que están en los cielos, y en la tierra, y debajo de la tierra; y toda lengua confiese que Jesucristo es el Señor, para gloria de Dios Padre» (Filipenses 2:5-11).

Forma parte del plan de Dios que a toda resurrección y Pentecostés preceda un Getsemaní y un Calvario. Si seguimos de verdad al Espíritu Santo, nos sostendrá en el tiempo del conflicto y nos guiará a fin de que obtengamos la corona. En lugar de sorprendernos cuando nos tengamos que enfrentar con oposición en el cumplimiento de nuestra tarea, debemos recordar que nuestro «Perfecto Modelo» se tuvo que enfrentar también con ella y que, al igual que le sucedió a Él, hemos de esperar enfrentarnos con la oposición del Maligno y vencerla.

Jesús fue paciente. Su paciencia debió de ser dolorosamente puesta a prueba por la temeridad y carnalidad de sus seguidores, por la traición de Judas y por los inconvenientes que acarreaba esa vida que llevaba sin casa ni hogar. El agotamiento y la debilidad fueron el resultado del hambre, de los ayunos y de los cansados viajes de un lugar a otro, pero a pesar de ello nunca escapó de sus labios una sola palabra de impaciencia.

Jesús proclamó la verdad con claridad. Insistió en la necesidad del arrepentimiento y del nuevo nacimiento, enfatizando el hecho de que el hombre tendrá que rendir cuentas, hablando acerca del juicio y la realidad del cielo y lo terrible e interminable que será el destino de los condenados.

Predicó en contra de los pecados más corrientes en sus días. Ni los sacerdotes ni la gente del pueblo escaparon a sus denuncias cuando vivieron en pecado, tanto si tenía lugar en privado o en público. Su ira cayó con gran impacto sobre los eclesiásticos hipócritas. Al igual que sucede con sus hermanos en la actualidad, que se deleitan en las alabanzas de los hombres más que en las de Dios y se esfuerzan con más empeño en conseguir los honores de la tierra que los dones del Espíritu Santo. No cabe duda de que muchos de sus contemporáneos debieron referirse a Jesús como a un «pesimista que siempre les estaba hablando de los pecados y de persecuciones»; por ello se empeñaron en seguir sus propios caminos en lugar de su verdad.

Jesús sentía un profundo amor filial. Esto es algo que quedó claramente manifiesto cuando se ocupó con cariño de las necesidades de su madre al pie de la cruz. Todos aquellos que como Él son guiados y poseen el Espíritu, amarán, como lo hizo Él, a sus seres queridos. Sus Evangelios vuelven los corazones de los padres hacia los hijos y los de los hijos hacia los padres. Yo conozco a una mujer que fue una hija amorosa y obediente, que abandonó el Evangelio por seguir la manía de la mal llamada «Ciencia Cristiana», y eso acabó con su afecto hacia su santa madre, hasta el punto de tratarla con crueldad. Un sistema que hace algo semejante no puede tener a Jesús como su autor, pero el que nos unamos a Él servirá para echar fuera todo falso afecto, intensificando todo amor lícito.

Jesús llevó una vida de oración. Enseñó que la oración es la llave que abre el Banco de las bendiciones divinas. Él nos enseñó de qué manera utilizarla por medio de su ejemplo. Orando con sinceridad, con perseverancia y guiado por motivos puros, prevaleció siempre. Estando a solas en el huerto de Getsemaní, y a veces durante toda una noche junto a las húmedas colinas, Jesús tuvo comunión e intercedió ante el Padre. Una prueba de su humanidad es la necesidad que tenía de orar como lo hizo. De haber sido solamente divino, no hubiese tenido tal necesidad. Si Jesús oró a fin de poder llevar a cabo su misión, tanto más debemos de hacerlo nosotros. Todos aquellos que han sido moldeados por las convicciones de lo alto como lo fue Él, estarán poseídos de un espíritu de oración sin cesar y se sentirán guiados a pasar bastante tiempo a solas en oración con Dios.

Jesús no tuvo temores. Siendo el más valeroso de los héroes de la tierra, se enfrentó con el peligro y no huyó nunca atemorizado. Antes de que «llegase su hora» evadió con sabiduría una situación que hubiese resultado inútil, como cuando sus conciudadanos buscaron su vida al final de su primer discurso público en Nazaret; pero en algunas ocasiones fue por prudencia, y no porque le faltase valor, que se marchó. Se enfrentó a las traiciones y a la falta de fidelidad de aquellos que aseguraban ser sus amigos, y a las conspiraciones secretas de sus adversarios declarados, con el mismo espíritu de fortaleza. El heroísmo de que dio muestra por el valor y la serenidad con que se enfrentó con Judas y su banda de enemigos no ha sido sobrepasado en los anales de la Historia. No se mostró excitado, sino tranquilo y dueño de sí mismo, sabiendo que buscaban su vida y que además la tomarían. Tenía el poder como para derrotar la conspiración asesina y destruir a todos los que participaban en ella, pero a pesar de ello no hizo uso de él, y, ante los destellos de las antorchas que parecían danzar con diabólico júbilo por el triunfo del mal en Getsemaní, se enfrentó a sus enemigos con una majestuosidad que les hizo caer en tierra, avanzando tan plenamente seguro de sí mismo al tribunal de los pontífices judíos como si hubiese sido un rey de camino a su trono. Fue hacia el trono del amor de millones que han sido rescatados por su sacrificio. El perfecto amor, que echa fuera todo temor y que es parte de su legado a todos aquellos que le sirven, tenía su trono en el interior, y le hizo valiente y capaz de enfrentarse a todo peligro con el fin de poder realizar su misión desde los cielos y redimir a una raza amada, pero que había apostatado. Cuando ese amor ejerce su influencia, en toda su pureza y perfección, sobre sus seguidores, ellos, al igual que Él, tienen valor para enfrentarse a cualquier tormenta y formar parte de la lista de los héroes del universo, de los cuales es el honrado líder.

Fue glorificado. ¡Durante un corto tiempo tuvo que

pasar por el crisol de la prueba para encontrarse ante una eternidad de infinita gloria! ¡Tuvo que pasar por un viaje breve y tormentoso sobre los turbulentos mares de la vida humana, y luego para siempre estar en el puerto celestial con las innumerables multitudes a las que ha rescatado! Para Él la muerte fue sencillamente una «glorificación», y por medio de Él lo es también para todos los que están dispuestos a seguir sus pisadas. Si somos fieles a Él «no veremos jamás la muerte eterna», sino que, al igual que Él, cuando se acabe nuestra obra aquí, seremos glorificados. ¡Aleluya!

Vemos, por tanto, en Él la perfecta humanidad que resulta del hecho de que more en los corazones humanos, y la bendita vida de pruebas y de victoria que llega a aquellos que son controlados por «las convicciones de lo alto».

En Jesús, el «Perfecto Ejemplo del Hombre», vemos una visión clara de los pasos que debemos dar para que alcancemos el fin para el cual fuimos creados.

Vivir una humanidad obediente: Como Jesús, que hizo siempre la voluntad del Padre.

Una humanidad sometida a tentación: Jesús sufrió y venció la tentación.

Una humanidad humillada: Jesús se humilló y padeció por la salvación de otros.

Una humanidad triunfante: Jesús triunfó por resurrección.

Una humanidad exaltada: Jesús ascendió a la diestra del Padre.

Éstos son los pasos que hemos de dar para seguir a nuestro ilustre líder al lugar que nos ha preparado allá en los cielos.

El escritor se da perfecta cuenta de que ha presentado de manera imperfecta al «Modelo del Hombre Perfecto», y solamente unas pocas de las muchas estrellas que brillan en la constelación de sus gracias incomparables. Confía en que se pierdan de vista las imperfecciones de redacción a la luz de Aquel cuya gracia y belleza ha intentado glorificar. Su ferviente oración para todos los que lean estas páginas es: «que seáis llenos del conocimiento de su voluntad en toda sabiduría e inteligencia espiritual, para que andéis como es digno del Señor, agradándole en todo, llevando fruto en toda buena obra, y creciendo en el conocimiento de Dios; fortalecidos con todo poder, conforme a la potencia de su gloria, para toda paciencia y longanimidad; con gozo dando gracias al Padre que nos hizo aptos para participar de la herencia de los santos en luz; el cual nos ha librado de la potestad de las tinieblas, y trasladado al reino de su amado Hijo, en quien tenemos redención por su sangre, el perdón de pecados.»

Alabemos a Dios, de quien todas las bendiciones
  fluyen;
Alabadle todas las criaturas aquí en la tierra;
Alabadle en lo alto, oh huestes celestiales;
Alabad al Padre, al Hijo y al Espíritu Santo.

SENSACIONES –
de Dios o de Satanás... cómo distinguirlas

(V – 87)

ESTIMADO LECTOR:

La DIRECCION de la Editorial CLIE, agradece sinceramente el que usted haya adquirido este libro, deseando que sea de su entera satisfacción.

Si desea recibir mas información remítanos este volante con su nombre y dirección y le enviaremos gratuitamente nuestro Boletín de Novedades.

Cualquiera observación que desee hacernos puede escribirla al dorso.

Desprenda esta hoja tirando hacia afuera y de arriba a abajo y envíela a su Librería o a:

EDITORIAL CLIE
Galvani, 113
08224 TERRASSA (Barcelona) España

Nombre: ——————————————————————

Calle: ————————————————————————

Ciudad: ——————————————————————

Estado: ——————————————————————

Edad: ———— Profesión: ——————— Fecha: ————

Nota:
Este libro ha sido adquirido en:

OBSERVACIONES: